Emotionale Intelligenz im Sport

Hinweise

Aus Gründen der besseren Lesbarkeit haben wir uns entschlossen, durchgängig die männliche (neutrale) Anredeform zu nutzen, die selbstverständlich die weibliche mit einschließt.
Das vorliegende Buch wurde sorgfältig erarbeitet. Dennoch erfolgen alle Angaben ohne Gewähr. Weder die Autoren noch der Verlag können für eventuelle Nachteile oder Schäden, die aus den im Buch vorgestellten Informationen resultieren, Haftung übernehmen.

Sylvain Laborde | Philip Furley | Lisa Musculus | Stefan Ackermann

Emotionale Intelligenz im Sport

- Empathie entwickeln
- Gefühle steuern
- Erfolge erzielen

Meyer & Meyer Verlag

Emotionale Intelligenz im Sport

Bibliografische Information der Deutschen Nationalbibliothek

Die Deutsche Nationalbibliothek verzeichnet diese Publikation in der Deutschen Nationalbibliografie; detaillierte bibliografische Details sind im Internet über <http://dnb.d-nb.de> abrufbar.

Alle Rechte, insbesondere das Recht der Vervielfältigung und Verbreitung sowie das Recht der Übersetzung, vorbehalten. Kein Teil des Werkes darf in irgendeiner Form – durch Fotokopie, Mikrofilm oder ein anderes Verfahren – ohne schriftliche Genehmigung des Verlages reproduziert oder unter Verwendung elektronischer Systeme verarbeitet, gespeichert, vervielfältigt oder verbreitet werden.

© 2017 by Meyer & Meyer Verlag, Aachen

Auckland, Beirut, Dubai, Hägendorf, Hongkong, Indianapolis, Kairo, Kapstadt,
Manila, Maidenhead, Neu-Delhi, Singapur, Sydney, Teheran, Wien

 Member of the World Sport Publishers' Association (WSPA)

Gesamtherstellung: Print Consult GmbH, München

ISBN 978-3-8403-7559-0

E-Mail: verlag@m-m-sports.com

www.dersportverlag.de

INHALT

1 Einstieg 8

2 Was ist *emotionale Intelligenz* und wofür brauche ich sie? 10
    2.1 Die fünf Kompetenzen der *emotionalen Intelligenz* 13
        2.1.1 Identifikation – erkennen, wie man sich fühlt und wie andere sich fühlen 14
        2.1.2 Ausdruck – Gefühle vermitteln können und Empathie zeigen und empfinden ... 16
        2.1.3 Verständnis – wieso ich mich fühle, wie ich mich fühle 20
        2.1.4 Regulation – Gefühle steuern und passend in der Situation reagieren 22
        2.1.5 Nutzen – wie ich mit Emotionen meine und unsere Ziele besser erreiche 25
    2.2 Wissen, Fähigkeit, Eigenschaft – die drei Stufen zur Ausbildung der
        emotionalen Intelligenz 28
        2.2.1 Wissen 29
        2.2.2 Fähigkeit 30
        2.2.3 Eigenschaft 31
        2.2.4 Die drei Level der EI-Meisterung eines Sportlers 31

3 Die Rolle der *emotionalen Intelligenz* im Sport und bei körperlicher Aktivität 34
    3.1 Athleten – Leistung und *emotionale Intelligenz* 35
    3.2 Trainer 39
    3.3 Schiedsrichter und Kampfrichter 39
    3.4 Körperliche Aktivität 40

4 Wie gut ist meine *emotionale Intelligenz* und wo liegen meine Schwächen?
    – Messung *emotionaler Intelligenz* mit dem Profil des *Emotionalen-Kompetenzen-
    Fragebogens* 42
    4.1 *Profil der emotionalen Kompetenzen* im Vergleich zu anderen Fragebögen 43
    4.2 *Profil der emotionalen Kompetenzen* 44
    4.3 Auswertung *Profil der emotionalen Kompetenzen* 48

5 Erläuterung der *emotionalen Kompetenzen* 58
    5.1 Identifikation der eigenen Emotionen 58
    5.2 Identifikation der Emotionen anderer 60
    5.3 Verständnis der eigenen Emotionen 61
    5.4 Verständnis der Emotionen anderer 63

5.5 Ausdruck der eigenen Emotionen 65
5.6 Emotionsausdruck anderer – Empathieempfinden 66
5.7 Regulation der eigenen Emotionen 68
5.8 Regulation der Emotionen anderer 69
5.9 Nutzen der eigenen Emotionen 71
5.10 Nutzen der Emotionen anderer 72

6 Aktivitäten zum Training *emotionaler Intelligenz* 76
6.1 Aktivität „Emotionsbälle" 78
   6.1.1 Variation: „Emotionsstaffel". 80
   6.1.2 Variation: „Positive und negative Emotionsbälle" 81
6.2   Aktivität „Feuer, Wasser, Blitz" 82
   6.2.1 Variation: „Verknüpfung mit Powerposen" 84
   6.2.2 Variation: „Vormachen der Emotionen" 84
6.3   Aktivität „Emotionale Gesichter in Bewegung" 84
6.4   Aktivität „Emotionale Odyssee" 86
   6.4.1 Variation: „Gesichtsausdruck und Körpersprache" 88
   6.4.2 Variation: „Emotionales Interview" 88
6.5   Aktivität „Kommunikationsübung" 89
   6.5.1 Variation: „Klartext" 91
   6.5.2 Variation: „Speedinterview" 92
6.6 Aktivität „Debriefingbogen" 92
6.7 Aktivität „Achtsamkeit" 95
   6.7.1 Variation: „Körperscan" 96
6.8 Aktivität „Verkörperte Emotionen" 98
6.9 Aktivität „Emotionszeitreise" 100
   6.9.1 Variation: „Emotionale Imagination" 101
6.10 Aktivität „Powerposen" 102
   6.10.1 Variation: „Selbstvertrauen zeigen" 104
6.11 Aktivität „Vertrauen aufbauen" 105
   6.11.1 Variation: „Sich fallen lassen" 106
6.12 Aktivität „Teambuilding" 108
   6.12.1 Variation: „Zeige mir, dass ich auf dich zählen kann" 109
   6.12.2 Variation: „Wir-Gefühl fördern" 110
6.13 Aktivität „Seiltanz" 112
6.14 Aktivität „Die verstärkende Zitatestaffel" 114
   6.14.1 Variation: „30-Tage-Zitate-Challenge" 115
6.15 Aktivität „Peptalk" 116

6.15.1 Variation: „Negativer Peptalk".. 117
6.16 Aktivität „Emotionsvirus"..117
6.17 Aktivität „Emotions-Memory®"... 118
    6.17.1 Variation: „Emotions-Memory® mit Mimik"...120
    6.17.2 Variation „Emotions-Memory® 1:1"...120
    6.17.3 Variation: „Personalisiertes Emotions-Memory®".. 121
    6.17.4 Variation: „Komplexes Emotions-Memory®"..122
6.18 Aktivität „Emotionsquartett"...123
6.19 Aktivität „Profisportler-Raten" 125
6.20 Aktivität „Emotionsschauspiel"...127
6.21 Aktivität „Emotions-Halligalli".. 128
6.22 Aktivität „Emotionale Pantomime"...130
6.23 Aktivität „Emotionsampel"..131
6.24 Aktivität „Emotionsregulation unter Druck"...133
    6.24.1 Variation: „Umgang mit Konsequenzen"...134
6.25 Aktivität „Emotionen trainieren mit Musik" 136
    6.25.1 Variation: „Musik auf und ab"...137
    6.25.2 Variation: „Emotions-Playlist"...138

7 Nachwort 140
  7.1 Danksagung... 141

Anhang 142
  1 Tabellen 142
  2 Literatur/Verweise 148
  3 Bildnachweis 152
  4 Autoren 153

1

EINSTIEG

Emotionen spielen eine wichtige Rolle im Sport. Das Erleben von Emotionen ist vermutlich ein entscheidender Faktor, warum Personen Sport treiben und Millionen von Zuschauern bei sportlichen Großereignissen gebannt vor dem Fernseher sitzen.

Im alltäglichen Leben wird uns ständig die Frage gestellt, wie wir uns gerade fühlen oder wie es uns geht. In der Regel antworten wir auf diese Frage, ohne groß nachzudenken, mit relativ informationsleeren Aussagen wie „gut", „geht so" oder „es könnte schlechter sein", ohne dabei im Detail auf unsere komplexe „innere Welt des Erlebens und Fühlens" einzugehen bzw. eingehen zu können.

Obwohl Emotionen im Alltag meist lediglich für ein Gefühl gehalten werden (z. B. ich bin glücklich oder ich bin wütend auf meinen Kollegen), beschreiben aktuelle Emotionstheorien Emotion als komplexes Muster körperlicher und mentaler Veränderungen in Reaktion auf eine auslösende Situation, die als persönlich bedeutsam wahrgenommen wird. Diese Veränderungen beinhalten physiologische Erregung, Gefühle, kognitive Prozesse, Ausdruck und Verhalten. *Emotionen* sollten auch von länger andauernden *Stimmungen* abgegrenzt werden, da Stimmungen sich von Emotionen vor allem dadurch unterscheiden, dass Emotionen als Reaktionen auf spezifische Ereignisse gelten, welche kurzlebig und intensiv sind.

Der wahrscheinlich prominenteste Wissenschaftler aller Zeiten, Charles Darwin, schrieb Ende des 19. Jahrhunderts, dass sich Emotionen Hand in Hand mit anderen wichtigen Strukturen und

Funktionen von Lebewesen entwickelt haben. Darwin sah Emotionen als adaptive Mechanismen an, welche hochspezifische, koordinierte Operationen des Gehirns darstellten. Diese Operationen hatten den Zweck, Lebewesen auf bestimmte Klassen von wiederkehrenden Situationen in der Welt vorzubereiten und ihnen zu helfen, mit den jeweiligen Situationen umgehen zu können.

Aktuelle Emotionstheorien stützen Darwins theoretische Annahmen, dass physiologische Prozesse und Muskelbewegungen, die mit Emotionen einhergehen, den Organismus sowohl auf adaptive Handlungen in wiederkehrenden Situationen vorbereiten als auch wichtige soziale Informationen kommunizieren.

Diese beiden grundlegenden Funktionen von Emotionen können anhand des folgenden Beispiels verdeutlicht werden: Die Emotion Furcht kann als eine Reaktion auf die wiederkehrende Situation Gefahr angesehen werden, die zu einer Kaskade physiologischer Reaktionen führt. Diese Reaktion beinhaltet unter anderem geweitete Pupillen, was den adaptiven Vorteil mit sich bringt, die Quelle einer möglichen Bedrohung ausfindig machen zu können. Geweitete Pupillen erfüllen allerdings auch eine kommunikative Funktion innerhalb einer sozialen Gruppe: Sie sind ein sichtbares Anzeichen dafür, dass Gefahr droht.

Aus diesen Überlegungen ergibt sich, dass gewisse Emotionen als Reaktionen auf wiederkehrende Situationen zu einem gewissen Grad bei allen Menschen auftreten und ausgedrückt werden. Jeder kennt das Gefühl, wenn man eine Emotion erlebt: Man bemerkt beispielsweise, dass das Herz schneller schlägt und im Hals zu pochen scheint, die Atmung schneller wird, die Muskulatur sich verspannt und der Mund trocken erscheint.

Das Entscheidende, worum es in diesem Buch gehen wird, ist allerdings, dass Menschen auch anders mit diesen auftretenden emotionalen Reaktionen umgehen können, wie beispielsweise in dem Zitat von Franklin D. Roosevelt einprägsam zusammengefasst wird: „Mut ist nicht die Abwesenheit von Angst, sondern viel mehr die Bewertung, dass etwas wichtiger als die Angst selbst ist."

Ein weiterer zentraler Punkt dieses Buches ist, dass Emotionen nicht per se gut oder schlecht sind, sondern je nach Person und Situation förderlich oder hinderlich sein können. Demzufolge können Personen oder Gruppen von Personen im Sport ihren Umgang mit Emotionen mit dem Ziel beeinflussen, dass sie zur Zielerreichung förderlich und nicht hinderlich sind. Genau darum geht es, wenn von *emotionaler Intelligenz* im Sport gesprochen wird.

Das Ziel dieses Buches ist es, das emotionale Bewusstsein von Personen, die Sport treiben oder im Sport tätig sind, zu sensibilisieren und zu verbessern. Außerdem soll das Buch helfen, zu erkennen, welchen Einfluss Emotionen im Sport haben sowie gezielt den förderlichen Umgang mit Emotionen schulen, um letztendlich auch die sportliche Leistung zu verbessern und sportliche Erfolge zu erzielen.

WAS IST *EMOTIONALE INTELLIGENZ* UND WOFÜR BRAUCHE ICH SIE?

„Emotionen sind wie Wellen; wir können sie nicht aufhalten, aber wir können entscheiden, welche wir surfen wollen." – Jonatan Mårtensson

---

Novak Djokovic und Roger Federer, zwei Spieler, die zweifellos die körperlichen und technischen Anforderungen des Tennissports gemeistert haben, trafen im Halbfinale der US Open 2011 aufeinander. Wie schon im ähnlich abgelaufenen Halbfinale der US Open im Jahr davor, erspielte sich Roger Federer nach ungefähr dreieinhalb Stunden zwei Matchbälle und war auf dem Weg ins Finale und zu seinem sechsten US-Open-Titel.

In einem solchen Moment, in dem beide Spieler unter enormen Druck stehen und sich entscheidet, wer als Sieger vom Platz geht und wer ein ganzes Jahr lang hart gearbeitet hat, letztendlich aber doch mit leeren Händen dasteht, haben unscheinbare Details oftmals fatale Folgen. So auch in diesem Fall. Es gelang Djokovic, in dieser Situation offenbar besser mit dem Druck umzugehen und unter anderem auch seine Emotionen zu kontrollieren, weshalb er beide Matchbälle verteidigen, Federer besiegen und letztendlich die US Open gewinnen konnte.

Dass *emotionale Intelligenz* eine positive Auswirkung auf sportliche Leistung haben kann, belegt eine zusammenfassende Analyse von nahezu 40 wissenschaftlichen Studien zu dieser Thematik [1]. *Emotionale Intelligenz* kann in Drucksituationen, wie am Beispiel der US

Open beschrieben, für Erfolg oder Misserfolg mitentscheidend sein. Oder in Augenblicken, in denen sich zwei ebenbürtige Gegner gegenüberstehen, der Ausgang eines stundenlangen Wettkampfs auf Messers Schneide steht und alle Mühen und Strapazen des vergangenen Jahres, oder sogar der vergangenen vier Jahre, auf diesen einen Moment hinauslaufen.

Aber *emotionale Intelligenz* spielt nicht nur im Profisport eine Rolle, sondern kann auch im Freizeit- und Gesundheitssport durchaus relevant sein: z. B. bei einem Fußballspiel in der zweiten Klasse, wenn sich der Leistungsträger des Teams entscheiden muss, ob er nach dem Gegentor weinend und mit geballten Fäusten in die Kabine rennen oder sich noch mehr anstrengen soll, um seine Mannschaft doch noch zurück ins Spiel zu bringen; oder bei dem ambitionierten Gesundheitssportler, der bei seinem wöchentlichen Waldlauf versuchen muss, seinen inneren Schweinehund zu überwinden, der vor dem Lauf mit Gedanken kämpft, wie: *„Bleibe zu Hause. Sieh dir an, wie kalt es draußen ist, bleibe hier im kuscheligen Bett. Du musst heute nicht laufen gehen nach der überragenden Krafteinheit gestern. Ruhe dich aus. Denke an deine Knie. Gönne dir heute eine Pause, du kannst dafür nächste Woche wieder mehr Gas geben"*; oder ein Hobbymarathonläufer, der sich während eines Laufs mit Gedanken quält, die mit steigender Erschöpfung einhergehen, wie: *„Das ist so anstrengend, laufe langsamer. Ich kann nicht mehr. Mache eine Pause, gehe nur ein paar Meter, dann kann es weitergehen. Vergiss die persönliche Bestleistung, das wird heute sowieso nichts mehr. Laufe heute mal die kurze Strecke."* Dies sind nur wenige Beispiele für Situationen, in denen *emotionale Intelligenz* von Bedeutung sein kann.

Was ist eigentlich *emotionale Intelligenz*? *Emotionale Intelligenz* bezieht sich darauf, wie ich mit meinen eigenen Emotionen und denen meiner Mitmenschen umgehe [2, 3]. Beim Training der *emotionalen Intelligenz* geht es darum, Menschen beizubringen, dass Emotionen keine unerklärlichen Phänomene darstellen, denen wir hilflos ausgeliefert sind. **Dementsprechend ist es eines der Hauptziele dieses Buches, zu verdeutlichen, inwiefern wir unseren persönlichen Umgang mit unseren Emotionen und zu einem gewissen Maß auch den Umgang mit Emotionen anderer Menschen beeinflussen können.** Konkret geht es darum, was *wir* tun können, um uns selbst und unsere Emotionen sowie andere und deren Emotionen besser einschätzen, nachvollziehen und zur Steigerung unserer sportlichen Leistung sowie unserer Lebensqualität im Allgemeinen nutzen zu können.

Emotionen können auch einen belohnenden Charakter haben und deswegen streben Menschen häufig nach Emotionen. Wissenschaftler sprechen hierbei davon, dass Emotionen eine stark motivierende Funktion haben. Wir alle wollen Freude verspüren, stolz sein, oder Angst vermeiden. Ein erlebter emotionaler Zustand ist oft ein viel größerer Anreiz als z. B. pragmatische, materielle Anreize. Kaum jemand kauft sich einen Sportwagen, weil man damit schneller durch den Stau kommt, weil er so umweltfreundlich, energiesparsam, familienfreundlich oder kostengünstig ist. Wir kaufen Sportwagen eher, weil es Spaß macht, sie auf freier Autobahn zu fahren, wegen des Gefühls, beim Beschleunigen kraftvoll in den Sitz gedrückt zu werden, wegen der kindlichen Aufregung beim Klang des Motors und vielleicht nicht zuletzt wegen der teils bewundernden, teils neidischen Blicke der restlichen Welt.

Vergleichbares gilt für einen Trainer oder Athleten, der nach sportlichem Erfolg strebt. Kaum jemand will einen großen Pokal oder eine goldene Medaille aufgrund des materiellen Wertes. Wollten wir diese Gegenstände, könnten wir uns diese relativ problemlos kaufen, also weshalb weit über 10 Jahre dafür trainieren? Wonach Tausende von Sporttreibenden stattdessen auf nationaler und internationaler Ebene streben und Millionen von Hobbysportlern auf lokaler Ebene, sind die damit verbundenen prestigeträchtigen und häufig vor allem emotionalen Anreize.

Flow-Erlebnisse während des Wettkampfs, die Freude, für seine harte Arbeit belohnt zu werden, die Bestätigung, der Beste zu sein und womöglich sogar in die Geschichtsbücher einzugehen, sich selbst, seine Familie und Freunde, seine Trainer etc. stolz zu machen, auf dem Siegertreppchen zu stehen und von tausenden Fans bejubelt zu werden. Anders ausgedrückt, wir streben positive Emotionen an und werden von diesen zu bestimmten Verhaltensweisen bewegt und beflügelt.

Emotionale Intelligenz hilft uns also nicht nur, mit unseren und den Emotionen anderer umzugehen, sondern auch zu erkennen, auf welche Art und Weise unser Verhalten und das Verhalten anderer durch Emotionen erklärt, beeinflusst und ausgelöst wird.

Was werden Sie in diesem Buch finden? Das Buch setzt sich aus verschiedenen Abschnitten zusammen. Zunächst stellen wir die fünf Kompetenzen der *emotionalen Intelligenz* vor und stellen deren Bedeutung im Sportkontext dar. Anschließend wird ein Modell, das als Grundlage für das Training der *emotionalen Intelligenz* dient, erklärt. Das dritte Kapitel verdeutlicht die Bedeutung der *emotionalen Intelligenz* im Sport anhand aktueller wissenschaftlicher Befunde. Im darauf folgenden Kapitel haben Sie die Möglichkeit, Ihre eigene *emotionale Intelligenz* zu messen, Ihre Ergebnisse auszuwerten und anhand von verschiedenen beschriebenen Stufen zu vergleichen. Und letztendlich stellen wir im umfangreichsten sechsten Kapitel des Buches Übungen vor, mit denen Sie Ihre eigene bzw. die *emotionale Intelligenz* Ihrer Athleten oder Mannschaft trainieren können.

2.1 DIE FÜNF KOMPETENZEN DER *EMOTIONALEN INTELLIGENZ*

Emotionale Intelligenz lässt sich in fünf Kompetenzen unterteilen: *Identifikation*, *Verständnis*, *Ausdruck*, *Regulation* und *Nutzen von Emotionen*. Diese fünf Kompetenzen, die im Folgenden genauer vorgestellt werden, stehen miteinander in Verbindung, sind aber dennoch auf unterschiedliche Art und Weise relevant; sowohl für den Umgang mit sich selbst, den Teamkollegen, dem Trainerteam, den Gegnern, dem Schiedsrichtergespann und im Profisport, mit Medien und Fans sowie darüber hinaus auch für die eigene Leistung.

Jede der fünf Kompetenzen für sich genommen ist von Bedeutung und kann unabhängig von den anderen (oder in Kombination) trainiert werden, wie dem Praxisteil des Buches zu entnehmen ist. Allerdings bauen die einzelnen Kompetenzen auch aufeinander auf: Zunächst muss ich selbst wissen, wie ich mich fühle, bevor ich meine empfundenen Emotionen einem Dritten vermitteln kann.

Gelingt es mir, meine Emotionen effektiv zu vermitteln, lernt mich die andere Person besser kennen, wodurch sie eher in der Lage ist, zu verstehen, weshalb ich in einer bestimmten Situation auf eine bestimmte Art reagiere. Durch ein erhöhtes Verständnis dafür, weshalb eine Person – oder auch ich selbst – in einer gegebenen Situation gewisse Emotionen empfindet, gewisse Gedankengänge hat und dementsprechend handelt, gelingt es mir leichter, das emotionale Erleben dieser Person oder mein eigenes emotionales Erleben zu beeinflussen. Dabei kann ich, je nachdem, wie ich mich verhalte, verschiedene Emotionen hervorrufen, verstärken oder abschwächen. Letztendlich kann ich meine eigenen und zu einem bestimmten Ausmaß Emotionen anderer Menschen nutzen, um spezifische Ziele zu erreichen.

All dem liegt die wissenschaftlich unterstützte Annahme zugrunde, dass jeder Mensch Verantwortung für den Umgang mit seinen Emotionen trägt.

Wir alle haben zu einem gewissen Grad die Möglichkeit, zu entscheiden, wie wir eine Situation interpretieren, wie wir mit Emotionen umgehen, die vielleicht unbewusst aufgekommen sind, inwiefern wir uns von anderen Menschen beeinflussen lassen oder wie wir unsere Emotionen ausdrücken, regulieren und nutzen. Und letztendlich haben wir alle die Möglichkeit, Verantwortung für die weitere Entwicklung unserer Stärken und Schwächen zu übernehmen, an uns zu arbeiten und eventuelle Defizite in einer oder mehreren der fünf emotionalen Kompetenzen auszugleichen.

2.1.1 IDENTIFIKATION – ERKENNEN, WIE MAN SICH FÜHLT UND WIE ANDERE SICH FÜHLEN

„Du siehst wohl, aber du beobachtest nicht." – Sherlock Holmes

Die Karriere des Fußballtrainers Ralf Rangnick glich in den letzten sechs Jahren einer Achterbahnfahrt. Als er im März 2011 die Stelle des Cheftrainers beim FC Schalke 04 übernahm, führte er die Mannschaft zu den größten Erfolgen, die der Verein im Laufe der vergangenen 15 Jahre feiern konnte. Am 13. April 2011 zog der FC Schalke 04 in das Halbfinale der Champions League ein, nachdem Inter Mailand zweimal geschlagen wurde, und am 21. Mai desselben Jahres fegten die Königsblauen den MSV Duisburg mit 5:0 im Finale des DFB-Pokals vom Platz. Doch die Freude währte nicht lange.

Nur vier Monate später entschied sich Ralf Rangnick überraschend, von seiner Position zurückzutreten, weil er, nach den kräftezehrenden Ereignissen der Monate und Jahre zuvor, nicht die nötige Energie hatte, eine Mannschaft auf diesem Niveau zu weiteren Erfolgen zu führen und in ihrer sportlichen Entwicklung zu fördern. Im darauf folgenden Jahr erholte sich der ausgebrannte Trainer und übernahm am 1. Juli 2012 die Stelle des Sportdirektors der Vereine Red Bull Leipzig und Red Bull Salzburg. Folglich war er entscheidend am Durchmarsch des RB Leipzig aus der Regionalliga in die Fußball-Bundesliga beteiligt, nicht zuletzt, da er in der Saison 2015/16 auch als Trainer von RB Leipzig tätig war und den Verein zum Aufstieg in die Bundesliga führte.

Obwohl wir uns nicht anmaßen, als Unbeteiligte die beschriebene Situation in allen Details richtig interpretieren zu können, verdeutlicht das Beispiel, dass es wichtig ist, das eigene Innenleben und die damit verbundenen Emotionen zu identifizieren und das eigene Verhalten darauf abzustimmen. Emotionen können uns hierbei unterstützen. Sie können uns beispielsweise helfen, gute Entscheidungen zu treffen, indem sie uns den rechten Weg signalisieren. Dafür müssen wir unsere Emotionen jedoch zunächst bewusst wahrnehmen und korrekt identifizieren können [4].

> **ZUSATZINFO**
>
> Das **Identifizieren** von Emotionen bedeutet laut Brasseur et al. (2013), fähig zu sein, eine Emotion bei sich oder anderen wahrzunehmen, wenn sie aufkommt und sie zu identifizieren.

Gute Trainer machen sich die Emotionen, die sie während des Trainings bzw. des Spieltags, auf der Hin- und Rückfahrt und im sonstigen Alltag empfinden, bewusst. Sie identifizieren diese und reflektieren darüber, was die Emotionen ihnen mitteilen können. Dieser Prozess hilft ihnen, entsprechende Entscheidungen zu treffen und ihr Verhalten darauf abzustimmen, was ihrem Gefühl nach mit höchster Wahrscheinlichkeit positive Konsequenzen haben wird. Was würde passieren, wenn Sie sich täglich einen Moment Zeit nehmen, um zu reflektieren, was gerade in Ihnen vorgeht und was Sie derweil beschäftigt? Wie Sie sich bei einem bestimmten Gedanken fühlen und was die Botschaft hinter Ihren Emotionen sein könnte?

Auch für Sportler ist es immer wieder von Bedeutung, die eigenen Emotionen identifizieren zu können. Gelingt es Ihnen, dies zu tun, können Sie unter Umständen bessere Entscheidungen in spielentscheidenden Situationen treffen. Z. B. könnte sich ein Handballspieler vielleicht die folgende Frage stellen: *„Sollte ich heute den spielentscheidenden Siebenmeter werfen oder doch lieber einem anderen den Vortritt lassen?"* Oder ein Hochspringer: *„Sollte ich bei der nächsten Höhe wieder einsteigen oder im zweiten Versuch über die Latte springen, nachdem ich im ersten gerissen habe?"*

Auch persönliche Angelegenheiten können einen Einfluss auf das Verhalten während des Wettkampfs haben: *„Bin ich heute leichter reizbar als gewöhnlich, weil ich vor dem Spiel einen Streit mit meiner Partnerin hatte?"* Alle diese Beispiele verdeutlichen, wie wichtig es ist, das eigene emotionale Innenleben korrekt zu identifizieren und sein darauf folgendes Verhalten möglichst gut darauf abzustimmen.

Auch die Emotionen anderer identifizieren zu können, ist im Sport oftmals von Bedeutung. Ein Trainer profitiert von dieser Fähigkeit einerseits im Umgang mit seinen Trainerkollegen. Vor allem aber muss er in der Lage sein, die Emotionen seiner Spieler zu identifizieren und dementsprechend mit ihnen umzugehen. Zum Beispiel schickte ein prominenter Trainer während eines Lehrgangs mit der Jugendfußballnationalmannschaft einen seiner Spieler über das Wochenende nach Hause, weil ihm aufgefallen war, wie unglücklich dieser wirkte, was infolgedessen seine Leistungsfähigkeit reduzierte und wiederum zu weiterer Frustration und Unzufriedenheit führte. Nachdem der Spieler die Möglichkeit hatte, seine Familie und Freunde zu treffen, kam er mit neuer Begeisterung zurück zum Lehrgang und konnte seine übliche Leistung abrufen.

Wie könnte sich diese Erfahrung auf das Mannschaftsklima auswirken? Inwiefern würde die Beziehung zu den Trainerkollegen und den Spielern oder aber dem Trainer und den Mitspielern davon profitieren? Dies sind Fragen, die relevant sein können, um den Umgang mit Emotionen im Team- und Sportkontext in der Zukunft zu beeinflussen.

Prinzipiell ist es für Sportler wichtig, die Emotionen anderer sowohl in kooperativen Tätigkeiten wie beim Mannschaftssport als auch bei kompetitiven Tätigkeiten wie beim direkten Wettkampf mit einem anderen Gegner zu erkennen. Wenn ich als Mannschaftsspieler beispielsweise erkenne, dass ein Spieler gerade mit sich selbst zu kämpfen hat, sollte ich versuchen, ihn aufzubauen und nicht zusätzlich in schwierige Situationen zu bringen, die ihn an seine Grenzen bringen und für ihn nicht einfach zu lösen sind.

Umgekehrt ist es hilfreich, zu erkennen, wenn es bei einem Spieler gerade sehr gut läuft und dieser vor Selbstvertrauen strotzt. In diesem Fall wäre ich gut beraten, diesen Spieler häufig in Szene zu setzen. Oder ist mein Staffelkollege etwas lustlos und muss motiviert werden? Wirkt ein Mitglied meiner Tanzgruppe nervös vor dem Auftritt? Geht mein Mitspieler wütend auf den Gegenspieler zu, der ihn schon seit einer halben Stunde provoziert und gerade unauffällig gefoult hat?

Sportler können sich allerdings auch dadurch einen Vorteil verschaffen, dass sie die Emotionen anderer identifizieren können, wenn sie einen direkten Gegner haben, wie es beispielsweise beim Fußball, Handball, Tennis oder im Judo der Fall ist. Wirkt unser Gegner ängstlich, können wir dies eventuell zu unseren Gunsten ausnutzen. Wirkt unser Gegner extrem selbstsicher, können wir ihn womöglich durch ein paar kleine, absichtliche Fehler zu leichtsinnigen Aktionen und schwerwiegenderen Fehlern verleiten. All diese Beispiele verdeutlichen, wie das Erkennen von Emotionen bei mir selbst und bei anderen eine wichtige Rolle im Sport spielen kann.

2.1.2 AUSDRUCK – GEFÜHLE VERMITTELN KÖNNEN UND EMPATHIE ZEIGEN UND EMPFINDEN

„Unterdrückte Emotionen werden niemals sterben. Sie werden lebendig begraben und kommen später in scheußlicher Weise zum Vorschein." – Sigmund Freud

„Bei Empathie geht es darum, in den Schuhen eines anderen zu stehen, mit den Augen eines anderen zu sehen, mit den Ohren eines anderen zu hören und mit dem Herzen eines anderen zu fühlen. Empathie ist der Beginn einer Reise, die Welt zu einem besseren Ort zu machen." – Alfred Adler

Die „All Blacks" aus Neuseeland, das erfolgreichste Rugbyteam der Geschichte, führen vor jedem ihrer Spiele den „Haka", ihren traditionellen Stammestanz, auf. Mit diesem zeigen sie aggressives nonverbales Verhalten, um ihre Gegner zu beeinflussen und Ängstlichkeit und Unsicherheit hervorzurufen, indem sie direkt zu Beginn den Eindruck eines anstrengenden und harten Spiels vermitteln.

In Kombination mit ihrer eigenen Stärke ist dieses emotional aufgeladene Ritual einer der Gründe, warum die All Blacks eines der meistgefürchteten Rugbyteams der Welt sind. Dadurch bringen sie sich körperlich in eine Verfassung, in der sie aktiviert und emotional angespannt sind, was ihnen im Vergleich zu ihren Gegnern einen Vorteil verschafft, bevor das Spiel überhaupt angefangen hat.

Neben der Körpersprache und der Mimik sind ein umfangreiches Vokabular, insbesondere gefühlsbezogene Wörter, sowie der gezielte Einsatz der Stimme ausgesprochen hilfreich, die eigenen Emotionen effektiv vermitteln zu können. Ein Künstler kann die wahrgenommene Realität deutlich detailreicher abbilden, wenn er viele verschiedene Farben, Pinsel und andere Materialien zur Verfügung hat. Vergleichbar kann auch ein ausdrucksstarker Mensch seine empfundene Realität präziser beschreiben und vermitteln, indem er seine Gestik, Mimik und Tonfall entsprechend wählt, um sein inneres Erleben zu kommunizieren.

Die Fähigkeit, Emotionen gelungen auszudrücken, sozusagen ein möglichst realitätsnahes und verständliches Bild zu malen, ist infolgedessen für erfolgreiche Kommunikation und zwischenmenschliche Beziehungen von entscheidender Bedeutung. Um bei der Künstlermetapher zu bleiben, kann ein ausdrucksstarker Mensch genau wie ein Künstler, der viele verschiedene Farben und Pinsel besitzt, eine realitätsnäheres Bild seiner Innenwelt vermitteln, indem dieser den passenden Ausdruck für verschiedene Situationen findet und dadurch den gewünschten Effekt erzielt. Menschen, die ihre Emotionen nicht zum Ausdruck bringen, wirken häufig sonderbar und langweilig und wecken daher nicht unser Interesse.

Stellen Sie sich zum Beispiel einen Mannschaftskapitän vor, der in demselben Tonfall versucht, seine Mannschaft vor dem Spiel anzuspornen, wie er versucht, einen Mitspieler zu beruhigen, der gefährdet ist, vom Platz gestellt zu werden. Wie würde eine Mannschaftsansprache vor einem wichtigen Spiel wirken, wenn die Trainerin sie hält, als erkläre sie ein neues Spielsystem? Welchen Eindruck würde ein Trainer hinterlassen, der nach dem Gewinn der Champions League und einer Niederlage des U11-Teams seines Sohnes dieselbe Ansprache hält?

> **ZUSATZINFO**
>
> *Laut Brasseur et al. (2013) bezieht sich der Aspekt des **Ausdrucks** von Emotionen auf die Fähigkeit, Emotionen in einer sozial akzeptierten Art ausdrücken zu können. Mit anderen Worten heißt das, Emotionen verbal und nonverbal vermitteln zu können. Gleichzeitig beinhaltet dieser Aspekt auch, dass man in der Lage ist, Empathie zu zeigen, wenn ein anderer versucht, Emotionen in Worte zu fassen bzw. mithilfe von Körpersprache und Mimik auszudrücken.*

Besonders deutlich wurde diese Kompetenz der *emotionalen Intelligenz* in dem *Fair Play Award*, den die UEFA Oliver Kahn, Torwart des FC Bayern München, verlieh, weil er Valencias Torwart Canizares nach dem im Elfmeterschießen gewonnenen Champions-League-Finale 2001 tröstete. In einem Interview sagte er dazu: „Ich konnte mich sehr gut in ihn hineinversetzen, im damaligen Moment, weil ich selbst zwei Jahre davor das Champions-League-Finale verloren hatte und weiß, was da in einem Torwart vorgeht. Und er hatte ja auch in dem Finale zwei oder drei Elfmeter gehalten und steht als Verlierer da. Ich wusste genau, was er spürt und es war mir ein Bedürfnis damals … man sagt ja immer so: ‚Der Sieger hat es relativ einfach, zum Verlierer zu gehen', aber ich war zwei Jahre vorher auch der Verlierer und wusste genau, was es bedeutet, in seiner Haut zu stecken."

Wie in jedem Bereich der Kommunikation gibt es auch bei der Kommunikation emotionaler Inhalte einen Sender von Information und einen Empfänger. Neben dem effizienten Ausdrücken von Emotionen ist das Interpretieren von wahrgenommenen emotionalen Ausdrücken ebenfalls von zentraler Bedeutung im Sport. Dieser Aspekt der *Expression von Emotionen anderer* erfordert insbesondere Achtsamkeit und Empathie.

Unter *Achtsamkeit* ist in diesem Zusammenhang zu verstehen, dass wir zum einen überhaupt aufmerksam und präsent im Moment sind, wenn jemand versucht, uns, bewusst oder unbewusst, Emotionen zu vermitteln. Uns entgehen wichtige nonverbale Signale, wenn wir die Person kaum ansehen und wichtige verbale Signale, wenn wir mit unseren Gedanken woanders sind, nebenbei am Handy spielen oder aus einem anderen Grund nicht zuhören, während die andere Person redet.

Zum anderen bezieht sich Achtsamkeit auf das Verständnis, was bestimmte Signale bedeuten. Achtsamkeit kann man auch als besondere Form der Aufmerksamkeit bezeichnen. *Aufmerksamkeit* lässt uns beispielsweise die tränengefüllten Augen einer anderen Person wahrnehmen, weil wir genau hingesehen haben und unser Verständnis lässt uns die Bedeutung der Tränen erschließen, d. h., uns ist bewusst, was die andere Person empfindet.

Es bedarf vermutlich keiner weiteren Erklärung, dass Körpersprache und Mimik beim Ausdruck von Emotionen eine herausragende Rolle spielen, da ein Großteil unserer Kommunikation nonverbal stattfindet. Folglich ist es häufig möglich, den emotionalen Zustand eines Menschen einzuschätzen, ohne dass dieser auch nur ein Wort sagen muss. Im oben genannten Beispiel musste Oliver Kahn nicht erst zu Canizares gehen und fragen, wie er sich in dem Moment fühlte. Weil er achtsam und empathisch war, konnte er es Canizares ansehen.

Wenn wir auf Reisen fremde Länder und Kulturen besuchen, ist das Kommunizieren durch unterschiedliche Sprachen erschwert. Bereits Charles Darwin hatte in diesem Zusammenhang bemerkt, dass das emotionale Erleben und das Ausdrücken emotionaler Zustände relativ universell und kulturübergreifend zu sein scheint, was die interkulturelle Kommunikation außerhalb der Sprache erleichtert. Der prominente Emotionsforscher Paul Ekman hat dies in akribischen interkulturellen Studien (zumindest für einige Emotionen) bestätigt. Der Befund des universell, unabhängig von kulturellem Hintergrund, verstandenen Ausdrucks von Emotionen ist auch für den Sport von Bedeutung.

Zum Beispiel reißt ein erfolgreicher Sportler die Arme in die Luft und lächelt, während der Erfolglose den Kopf in den Händen hält und sich zusammenkauert. Der Wütende macht sich groß, spannt jeden Muskel an und fletscht die Zähne, wohingegen der Ängstliche sich kleinmacht und seine verwundbaren Körperstellen zu schützen sucht. Bei immer internationaler werdenden Mannschaftszusammensetzungen sowohl im Profisport als auch durch Migration in Amateurvereinen ist dieser Aspekt von besonderer Bedeutung.

Wie wichtig der Befund von Paul Ekman ist, dass einige emotionale Zustände universell auf der ganzen Welt gezeigt und verstanden werden, drückt sich darin aus, dass Paul Ekman 2009 vom *Time Magazin* als einziger Psychologe zu den 100 einflussreichsten Menschen der Welt gewählt wurde: „Dank Paul Ekman und seiner Arbeit zu Gesichtsausdrücken, Emotionen und Täuschung können wir besser nachvollziehen, wie die gezeigten Ausdrücke unsere neuronalen Vernetzungen im Gehirn reflektieren" (Zitat aus der Laudatio des *Time Magazins* vom 30.04.2009).

Im Zusammenhang mit Ekmans Studien ist es wichtig, zu erwähnen, dass der Ausdruck von Emotionen sowohl eine angeborene (genetische Komponente) als auch eine kulturelle, gelernte Komponente hat. Das bedeutet für den Sport, dass Sporttreibende sowohl bewusst ihre Körpersprache und Mimik kontrollieren können, um gezielt einen emotionalen Eindruck zu vermitteln, als auch, dass sie unbewusst in manchen Situationen durch ihre Körpersprache und Mimik „geoutet" werden – z. B. wenn ein Fußballspieler extrem nervös ist, bevor er einen Elfmeter schießt.

Eine wichtige Erkenntnis für Sporttreibende und Funktionäre in diesem Zusammenhang ist, dass das Verhältnis von willkürlicher zu unwillkürlicher Kontrolle des emotionalen Ausdrucks gerade nach Belastung oder sehr stressvollen Situationen immer mehr in Richtung der unwillkürlichen Kontrolle verschoben wird. Wenn ein Sportler sich am Anfang eines Spiels noch relativ gut kontrollieren kann, um einen positiven emotionalen Eindruck zu vermitteln, so wird ihm das gegen Ende des Spiels vermutlich immer schwerer fallen. Sowohl für Trainer im Umgang mit ihren Trainerkollegen und Sportlern als auch für Sportler im Umgang mit ihren Mitspielern, Trainern, Gegenspielern und ggf. Reportern unmittelbar nach einem Spiel können diese Erkenntnisse hilfreich sein.

2.1.3 VERSTÄNDNIS – WIESO ICH MICH FÜHLE, WIE ICH MICH FÜHLE

„Wenn es irgendein Geheimnis des Erfolgs gibt, liegt es in der Fähigkeit, den Standpunkt der anderen Person zu verstehen und die Dinge sowohl aus dem Blickwinkel dieser Person als auch aus dem eigenen zu betrachten." – Henry Ford

Während seines freiwilligen sozialen Jahres trainierte einer unserer Autoren die U15 seines Heimatvereins. Die Saison verlief ausgezeichnet, die Mannschaft spielte um die Meisterschaft und feierte viele Erfolge. In einem wichtigen Spiel kam es zu einem unschönen Zwischenfall, dass ein Spieler seiner Mannschaft plötzlich die Kontrolle verlor und einen Platzverweis riskierte, indem er auf einen gegnerischen Spieler losgehen wollte, nachdem dieser seine Mutter beleidigt hatte. Seine Teamkollegen konnten ihn zurückhalten und so wurde er lediglich unter Tränen ausgewechselt.

Es gibt zahlreiche Möglichkeiten, wie man in dieser Situation an des Spielers Stelle reagieren könnte. Ein anderer Spieler hätte womöglich darüber gelacht, ein anderer wiederum hätte gar nicht reagiert. Tim Grover, Leiter des Trainingszentrums *Attack Athletics*, in dem er schon mit Michael Jordan, Kobe Bryant und vielen weiteren Profisportlern zusammengearbeitet hat, sagte einst, man wisse, dass man seinen Gegner voll im Griff habe, wenn dieser anfange, mit Beleidigungen um sich zu werfen.

Für einen Außenstehenden erscheint der eingangs beschriebene Wutanfall dementsprechend unberechtigt und der Spieler wirkt womöglich emotional unreif und unkontrolliert. Die Information, dass die Mutter des Spielers kurz zuvor an Krebs verstarb und das Thema dementsprechend sensibel und emotional aufgeladen war, blieb dem Zuschauer am Spielfeldrand verborgen.

> **ZUSATZINFO**
>
> *Das **Verständnis** von Emotionen bezieht sich darauf, die Ursachen und Konsequenzen von Emotionen nachvollziehen und zwischen auslösenden Faktoren und Ursachen unterscheiden zu können (Brasseur et al., 2013).*

Auch wenn Emotionen meist aus einer komplexen Interaktion von persönlichen und situativen Faktoren entstehen, kann in dem obigen Beispiel vermutet werden, dass der auslösende Faktor die Beleidigung durch den Gegner war, eine weitere, wesentliche Ursache für das Verhalten in dieser Situation aber vermutlich der Tod der Mutter war. Es ist wahrscheinlich, dass derselbe Spieler in der Situation ganz anders reagiert hätte, wenn seine Mutter nicht an einer lebensgefährlichen Krankheit gestorben wäre. Dies zeigt, dass unterschiedliche Menschen, abhängig von der persönlichen Biografie und aktuellen Erfahrungen, auf ein- und denselben Reiz, beispielsweise eine Beleidigung, komplett verschieden reagieren.

Je besser wir uns unserer selbst bewusst sind, desto genauer können wir nachvollziehen, wie und weshalb wir uns in bestimmten Situationen auf bestimmte Art und Weise verhalten. Ebenso gilt, je besser wir die Menschen in unserem Umfeld einschätzen können, desto besser sind wir in der Lage, nachzuvollziehen, wie sie sich aufgrund eines auslösenden Faktors fühlen und wie sie sich in bestimmten Situationen verhalten. Aus diesem Grund kann der in den Aktivitäten beschriebene und in Kapitel 6.6 *Debriefingbogen* (Tab. 4, S. 94) von großem Nutzen im Sport sein.

Er ermöglicht es beispielsweise einem Sportler, aber auch einem Trainer, den Zusammenhang von Ereignissen, Emotionen und dem eigenen Verhalten besser zu verstehen. Die aus gezielter Reflexion gewonnenen Erkenntnisse können anschließend mit den Mitspielern und Trainern geteilt werden, was die jeweiligen Beziehungen, die Kommunikation und das Vertrauen ineinander fördern kann.

2.1.4 REGULATION – GEFÜHLE STEUERN UND PASSEND IN DER SITUATION REAGIEREN

„Wenn du leidest, ist es wegen dir.
Wenn du fröhlich bist, ist es wegen dir.
Wenn du dich glücklich fühlst, ist es wegen dir.
Niemand ist dafür verantwortlich, wie du dich fühlst, nur du, du alleine."
– Osho

Emotionale Regulation umfasst, sowohl sich selbst oder andere, beispielsweise ein Mannschaftsmitglied, beruhigen oder motivieren und anfeuern zu können. Ein bekanntes Beispiel aus dem Fußball, dem der Ruf vorauseilt, er verfüge nur in sehr geringem Ausmaß über die Fähigkeit, seine eigenen Emotionen regulieren zu können, ist der Portugiese Képler Laveran Lima Ferreira, besser bekannt als Pepe. Sowohl im portugiesischen Nationaltrikot als auch in Spielen als Verteidiger bei Real Madrid schadete er wiederholt seiner Mannschaft, indem er die Selbstbeherrschung verlor, mit einem Platzverweis vom Feld geschickt wurde und seine Mitspieler in Unterzahl zurückließ.

> **ZUSATZINFO**
>
> *Unter* **Regulation** *ist im Zusammenhang mit* **emotionaler Intelligenz** *zu verstehen, ob man in der Lage ist, Stress oder Emotionen kontrollieren zu können, wenn sie in dem jeweiligen Kontext unpassend sind (Brasseur et al., 2013).*

So konnte Thomas Müller ihn in der Vorrunde der Fußballweltmeisterschaft 2014 schon in der 36. Minute offensichtlich ausreichend in Rage versetzen, sodass Pepe nach einem Foul seinem am Boden sitzenden Gegenspieler eine Kopfnuss verpasste. Diese wertete der Schiedsrichter als Tätlichkeit und schickte Pepe mit einer Roten Karte vom Platz, was der deutschen Mannschaft einen enormen Vorteil verschaffte.

Die eigenen Emotionen und folglich das eigene Handeln in einem gewissen Maß kontrollieren und beherrschen zu können, ist dementsprechend von grundlegender Bedeutung im Sport. Ein Defizit in diesem Aspekt der *emotionalen Intelligenz* kann vergleichsweise verheerende Auswirkungen haben. Neben schweren Frustfouls, bei denen nicht nur wochenlange Sperren, sondern auch schwere Verletzungen des Gegenspielers riskiert werden, gehen kleine Vergehen, wie beispielsweise ständiges Kritisieren und Beleidigen der eigenen

Mitspieler, oft unter. Nichtsdestotrotz sind auch damit negative Folgen verbunden, weil es sich langfristig auf die Stimmung und infolgedessen womöglich auf die Leistung der gesamten Mannschaft auswirken kann.

Der erste Schritt, diese Kompetenz der *emotionalen Intelligenz* zu kontrollieren und gezielt einzusetzen, ist es, Verantwortung für die eigenen Gedanken, die eigenen Emotionen und das eigene Verhalten zu übernehmen. Wer schon einmal mit Kindern zu tun hatte, wird den Satz: *„Der hat angefangen!"*, höchstwahrscheinlich schon häufiger gehört haben. Davon wegzukommen und zu: *„Ich bin verantwortlich"*, zu kommen, erfordert Reife und Selbstreflexion, kann aber erlernt werden. Maßnahmen, wie Regulation trainiert werden kann, stellen wir in Kap. 6 vor.

Emotionen können in zwei Richtungen reguliert werden. Einerseits können wir unangemessene Emotionen unterdrücken. Empfinden wir beispielsweise Wut aufgrund einer Schiedsrichterentscheidung, wäre es eine schlechte Idee, diese Wut auf destruktive Art und Weise an ihm auszulassen. Andererseits können wir angemessene Emotionen verstärken. Sind wir lustlos und unmotiviert zu trainieren, können wir beispielsweise durch positive Selbstgespräche versuchen, dieses Hindernis zu überwinden, indem wir Emotionen wie Freude, Aufregung oder Begeisterung in uns – oder anderen – wecken.

Die Fähigkeit, die Emotionen anderer regulieren zu können, ist insbesondere für diejenigen in Führungspositionen von Bedeutung, d. h. Trainer, Lehrer, der Kapitän, Schiedsrichter usw. Aber auch die Emotionen gleichgestellter Mitspieler oder in bestimmten Fällen auch von Personen in höheren Positionen regulieren zu können, ist gelegentlich vorteilhaft oder sogar notwendig. Eine stetig steigende Zahl von Studien zeigt, dass Emotionen nicht lediglich individuelle Funktionen erfüllen, sondern auch soziale Funktionen. Demnach tragen Emotionen entscheidend zur Regulation sozialer Interaktionen bei. Zum Beispiel helfen Emotionen, Gruppen zu organisieren, indem sie uns an einige Mitmenschen binden und von anderen distanzieren.

Wenn eine Person „vor Wut kocht", würden wir wahrscheinlich eher dazu tendieren, Abstand von dieser Person zu nehmen, wohingegen wir wahrscheinlich eher Kontakt zu einer lächelnden Person suchen würden. Eine einprägsame Analogie zur nonverbalen Kommunikation von Emotionen wurde von Cozolino [5] in der *sozialen Synapsentheorie* formuliert, indem er nonverbale Kommunikation zwischen Individuen mit der neurochemischen Kommunikation von Nervenzellen vergleicht.

Personen senden demnach ständig Signale in die soziale Synapse – den Raum zwischen Personen – und verbinden diese zu größeren Einheiten, wie Familien, Gruppen, Sportmannschaften und ganzen Nationen, indem diese Signale von den Sinnesorganen anderer aufgenommen werden und in elektrochemische Signale transformiert werden. Diese beeinflussen dann wiederum Gedanken und Verhalten der Empfänger. Somit werden erneut Signale in die soziale Synapse übermittelt. In diesem Zusammenhang sind zwei Grundsätze von Bedeutung:

1. Blickwinkelkontrolle – der Stärkere gewinnt

Um dieses Phänomen zu verstehen, denken Sie an das oben genannte Beispiel zurück. Pepe foult Müller, Müller sitzt am Boden und Pepe beugt sich hinab, um ihn mit dem Kopf zu stoßen. Angenommen, ein portugiesischer Spieler hätte die Chance gehabt, nach dem Foul, aber vor dem Kopfstoß, auf Pepe einzureden, hätte er zweifelsohne sein Bestes gegeben, Pepes Wut zu regulieren und ihn zu beruhigen.

Dafür würde er versuchen, seinen objektiven Blickwinkel (z. B. „Alles ist gut, es ist nichts passiert, bleibe ganz ruhig und spiele Fußball.") auf Pepes emotionsgeladenen Blickwinkel (z. B. „Das war eine Schwalbe und ich stehe als der Böse da, das ist nicht okay! Jetzt geige ich Müller die Meinung!") zu übertragen. Je nachdem, wessen Blickwinkel in dieser Situation stärker ausgeprägt ist, bzw. wer den stärkeren Einfluss nimmt, wird den anderen beeinflussen. Dementsprechend wird entweder der Mitspieler Pepe erfolgreich beruhigen oder aber selbst von Pepes Wut angesteckt. Für eine Person, die eine Führungsrolle innehat, sollte die Regulation der Emotionen selbstverständlich sein, wenn sie mit Untergeordneten interagiert. Folglich ist dieser Aspekt insbesondere in Situationen von Bedeutung, in denen sich die Beteiligten auf Augenhöhe begegnen.

2. Emotionale Ansteckung – was du fühlst, fühlen die anderen

Die Blickwinkelkontrolle ist eine Voraussetzung für die emotionale Ansteckung. Dieser Prozess wurde inzwischen vielfach empirisch belegt und sagt aus, dass sich der eigene emotionale Zustand auf die andere Person überträgt. Aus diesem Grund wird beispielsweise Hintergrundlachen bei Comedysendungen eingespielt, da wir uns häufig dadurch anstecken lassen und ebenfalls lachen. In unserem Pepe-Beispiel muss der Mitspieler sich zunächst selbst ruhig und gelassen fühlen, bevor er Pepe beruhigen kann. Mit anderen Worten: Eine ängstliche Person kann eine andere ängstliche Person nicht erfolgreich ermutigen und eine traurige Person kann eine andere traurige Person nicht zum Lachen bringen, ohne zunächst selbst fröhlicher zu sein.

Jeder, der schon einmal vor einer Gruppe stand und z. B. in der Rolle eines Trainers geredet hat, ist mit diesem Phänomen vertraut. Die Emotionen, die der Trainer selbst empfindet, übertragen sich meist auch auf die Mannschaft. Um die Mannschaft zu begeistern, muss der Trainer zunächst selbst begeistert sein; ist der Trainer ängstlich und nervös, wirkt sich das ebenfalls auf den emotionalen Zustand und folglich auf das Verhalten der Mannschaft aus.

2.1.5 NUTZEN – WIE ICH MIT EMOTIONEN MEINE UND UNSERE ZIELE BESSER ERREICHE

„Hindernisse sind eigentlich Chancen, uns selbst zu testen, neue Dinge auszuprobieren und letztlich zu triumphieren. Das Hindernis ist der Weg." – Ryan Holiday

Noch heute gilt Michael Jordan als der beste Basketballspieler aller Zeiten. Auf dem Höhepunkt seiner Karriere mussten sich die gegnerischen Mannschaften im Voraus immer sehr gut überlegen, wie sie ihn und sein Team möglicherweise schlagen könnten. Als der Tag gekommen war und die Spieler aufgeregt in ihrer Kabine auf den Beginn des Spiels warteten, ging Michael Jordan hin und wieder unter irgendeinem Vorwand in die gegnerische Kabine. Oft unterhielt er sich nur kurz mit dem einen oder anderen Spieler, den er kannte und ging wieder hinaus. Durch seinen Ruf und seine Präsenz reichte dieser kurze Besuch jedoch aus, das Selbstvertrauen und die Hoffnung auf durchdachte Pläne vieler gegnerischer Spieler ins Wanken zu bringen. Auf diese Weise konnte Jordan Emotionen in seinen Gegenspielern verstärken, die sie zu unterdrücken versuchten und Emotionen schwächen, die sie versucht hatten, zu entfachen.

Die eigenen Emotionen nutzen, konnte der Tennisspieler Tom Corley schon als 16-Jähriger, bevor er das College besuchte. In den USA zu studieren, ist vergleichsweise teuer. Studenten nehmen bis zu fünf- oder sogar sechsstellige Kredite auf, um ihr Studium finanzieren zu können und verbringen ihr halbes Leben damit, ihre Schulden zurückzuzahlen. Eine Chance, dieses Problem zu umgehen, sind Stipendien. Im Tennissport werden Turniere gespielt, die Türen zu solchen Stipendien öffnen können. Im Viertelfinale eines solchen Tennisturniers spielte Tom Corley, damals unter den Top Ten des Nordostens der USA gelistet, gegen einen anderen 16-Jährigen. Toms Tagesform war alles andere als ideal. Er war mental einfach nicht auf der Höhe, spielte dementsprechend schrecklich und lag schon 4:0 zurück. Zu allem Überfluss hörte Tom einen Freund seines Gegners hinter dem Zaun auf beleidigende Art und Weise rufen, sein Kumpel solle sich beeilen, sodass er es rechtzeitig in das *White Castle* [die älteste Hamburger-Restaurant-Kette in den USA] schafft. Das legte den Schalter um.

Tom war von seiner Leistung selbst angewidert und nutzte diesen emotionalen Tiefpunkt, um das Spiel zu drehen und letztendlich als Sieger vom Platz zu gehen. Tom Corley erzählte in einem Interview: „Etwas ist in mir geschehen. Und manchmal ist das Beste, was uns passieren kann, sich über sich selbst zu ärgern. Ich habe mich absolut über mich geärgert, dass der Kumpel des Typs, gegen den ich spielte, sagte: ‚Greife diesen Typ schnell an, damit wir mit unserem Leben weitermachen können. Er ist miserabel.' Ich schlug ihn dann mit 6:4, 6:3 (…). Ich war im Flow. Der Typ konnte mich nicht stoppen. Ich habe das komplette Spiel herumgerissen. Ärger kann eine der besten Emotionen sein, die wir haben, um uns zu motivieren, Dinge zu tun, die wir sonst nicht machen würden."

Man kommt nicht umhin, bei diesem Beispiel an Mark Aurel zu denken. In seinem Werk *Meditationes* schreibt der stoische Philosoph: „Die Hindernisse, zu handeln, bringen die Handlung voran. Was den Weg versperrt, wird der Weg." Anstatt den Kopf in den Sand zu stecken und zu resignieren, nutzte Tom Corley die Demütigung zu seinem Vorteil und zog daraus die Kraft und Motivation, mit der er seinen Gegner schließlich besiegte.

Oftmals werden Emotionen in „positiv" und „negativ" unterteilt, je nachdem, wonach Menschen in der Regel streben bzw. welche Emotionen sie zu vermeiden suchen. Dieses Beispiel verdeutlicht jedoch, dass es nicht die Emotion ist, die entscheidet, ob sie positiv oder negativ ist. Wie Shakespeare in *Hamlet* schrieb: „Denn an sich ist nichts weder gut noch böse, das Denken macht es erst dazu." Ausschlaggebend ist, wie wir die jeweilige Emotion interpretieren und nutzen. Es liegt, wie schon mehrfach in diesem Kapitel erwähnt, in unserer Verantwortung, darüber zu entscheiden, ob die Situation, in der wir uns befinden, vorteilhaft oder von Nachteil für uns ist und ob wir die Emotionen, die wir empfinden, nutzen oder uns davon aufhalten lassen. Wann immer wir einer Herausforderung gegenüberstehen, haben wir die Wahl, uns entweder zu fragen: *„Wie könnte ich das lösen und nutzen?", „Welche Chance verbirgt sich in dieser Situation?", „Wie nutze ich dieses Ereignis zu meinem Vorteil?"* oder aber: *„Wieso passiert das immer mir?", „Womit habe ich das verdient?", „Wie kann man nur so dumm sein?"*

Die Situation ist dieselbe und nur bedingt kontrollierbar für alle Beteiligten. Obwohl das Entstehen von Emotionen zu einem gewissen Teil bei allen Menschen gleich abläuft, liegt der Umgang mit der Emotion in der Hand eines jeden Einzelnen.

> **ZUSATZINFO**
>
> *Brasseur et al. (2013) zufolge bezieht sich das **Nutzen** von Emotionen darauf, fähig zu sein, mithilfe von Emotionen besser reflektieren, bessere Entscheidungen treffen und besser handeln zu können.*

In diesem Zusammenhang sind die theoretischen Überlegungen des berühmten Emotionsforschers Richard Lazarus von Bedeutung, welcher in Analogie zu Paul Ekman annimmt, dass gewisse Emotionen eines Sportlers mit bestimmten grundlegenden, assoziierten Themen einhergehen, welche als Emotionsauslöser und Handlungstendenzen verstanden werden können.

„Jede Emotion hat also eine abgeleitete Handlungstendenz oder einen Impuls zur Folge, der so stark sein kann, dass man diesen schwer unterdrücken kann" (S. 243). [6]

Zum Beispiel kann Ärger durch ein Hindernis (Gegenstand oder Mensch) ausgelöst werden, welches einen davon abhält, etwas Gewünschtes zu bekommen. Die Verhaltenstendenz beinhaltet unter anderem eine erhöhte Muskelspannung, um das Hindernis zu überwinden. Demzufolge geht es beim Nutzen von Emotionen um diese Handlungstendenzen, oder anders ausgedrückt, darum, die passenden Emotionen erzeugen zu können, um ein gewolltes Ergebnis auf möglichst effiziente Art und Weise zu erzielen.

Die eigenen Emotionen können im Sport aber auch zum Verhängnis werden. So beispielsweise bei einem der besten Fußballspieler aller Zeiten in einem kurzen Moment im Finale der Fußballweltmeisterschaft 2006: Sein Verhalten führte dazu, dass dieses Spiel vermutlich selbst denjenigen noch lange in Erinnerung bleiben wird, die erst danach geboren wurden. Zunächst brachte Zinedine Zidane die französische Nationalmannschaft durch seinen Elfmeter in Führung, was durch Materazzi in der 19. Minute durch einen Kopfball allerdings wieder ausgeglichen wurde. Nach einer torlosen zweiten Halbzeit ging es in die Verlängerung. Nach einer Beleidigung durch den Italiener Marco Materazzi verlor der Kapitän der französischen Nationalelf jedoch die Beherrschung, stieß ihm mit dem Kopf vor die Brust und musste in der 110. Minute das Feld aufgrund der folgerichtigen Roten Karte verlassen. Von der anderen Seite betrachtet, lässt sich dieses Ereignis insofern interpretieren, dass es Marco Materazzi sehr gut gelang, die Emotionen des Franzosen zu nutzen.

Im Finale der Weltmeisterschaft stehen die Spieler generell unter enormem Druck. Die ganze Welt sieht ihnen zu, zahlreiche Kameras verfolgen jede Bewegung der beiden Mannschaften, mit einem Sieg schreibt man Geschichte, wird in seinem Land als Held gefeiert und erreicht das wohl höchste Ziel, das man sich als Fußballspieler setzen kann. Der hohe Druck in Kombination mit der Erschöpfung, die nach nahezu zwei Stunden intensiver Belastung zwangsläufig ist, hat sicherlich begünstigt, dass Zidane an der Regulation seiner Emotion gescheitert ist, nachdem er entsprechend beeinflusst wurde. Ob Materazzi sein Einfluss bewusst war und er willentlich zu solch manipulativen Mitteln griff, oder er sich einfach selbst aufgrund des Stresses in dieser Situation zu seiner Beleidigung hat hinreißen lassen, ist natürlich unklar. Ob bewusst oder unbewusst, es gelang ihm nichtsdestotrotz, die Emotionen seines Gegenspielers zu seinem eigenen Vorteil zu nutzen.

Ist das eine Aufforderung, seine Gegner zu beleidigen, in der Hoffnung, dass sie eine Tätlichkeit begehen und des Platzes verwiesen werden? Definitiv nicht! Von Moral und Fairness abgesehen, zeigt das Beispiel Tom Corley, dass Beleidigungen und Demütigungen auch die entgegengesetzte Wirkung haben können. Diese Tatsache veranschaulicht den beim Nutzen von Emotionen wichtigen Gesichtspunkt, dass Sportler sich selbst oder den Gegner kennen müssen und wissen müssen, welchen Effekt welche Emotionen bei einem selbst oder bei einer anderen Person auslösen, da Personen unterschiedlich mit Emotionen umgehen.

2.2 WISSEN, FÄHIGKEIT, EIGENSCHAFT – DIE DREI STUFEN ZUR AUSBILDUNG DER *EMOTIONALEN INTELLIGENZ*

„Wissen ist nicht genug, wir müssen anwenden. Wollen ist nicht genug, wir müssen handeln." – Bruce Lee

„Versuche nicht, Stufen zu überspringen. Wer einen weiten Weg hat, läuft nicht." – Paula Modersohn-Becker

Dieses Buch kann als eine Reise zur Ausbildung *emotionaler Intelligenz* angesehen werden, welche in den Kontext Sport und körperliche Aktivität eingebettet ist. Und wie jede Reise, wird es Zeit brauchen und Höhen und Tiefen geben. Auf dieser Reise unterstützen wir Sie dabei, die richtigen Meilensteine zu setzen, um die verschiedenen Schritte des Trainings der *emotionalen Intelligenz* erfolgreich durchführen zu können. Aufeinander aufbauende Schritte, die notwendig sind, um *emotionale Intelligenz* im täglichen Leben und im sportlichen Kontext zu meistern.

Emotionen haben einen fundamentalen Einfluss auf zahlreiche Situationen unseres Lebens. Daher sollte es von Vorteil sein, sich auf diese Reise einzulassen, um den förderlichen Umgang mit Emotionen im und durch den Sport zu verbessern und zu schulen. Der Weg zur Ausbildung der *emotionalen Intelligenz* kann nach Mikolajczak [7] in drei Hauptstationen (Abb. 1) untergliedert werden: *Wissen*, *Fähigkeit* und *Eigenschaften*.

Was ist emotionale Intelligenz?

Abb. 1: Die Reise zur Meisterung der emotionalen Intelligenz

2.2.1 WISSEN

„Kein Dieb, so geschickt, kann ein Wissen berauben. Und deshalb ist Wissen der beste und sicherste Schatz zu erwerben." – L. Frank Baum

Der erste Bestandteil der *emotionalen Intelligenz* beschreibt das nötige Wissen, wie Emotionen reguliert werden können. Beim *Wissen* geht es explizit *nicht* um die Umsetzung, sondern lediglich um das Wissen. Eine Person, die ein hohes Wissen im Bereich der *emotionalen Intelligenz* hat, muss nicht zwangsläufig in der Lage sein, dieses auch nutzen. Ähnlich wie eine Person, die viele Bücher gelesen hat, dieses Wissen aber nie wirklich in die Tat umsetzen kann oder umgesetzt hat. Selbstverständlich ist das Aneignen von Wissen durch Lesen oder Reden mit anderen Menschen wichtig, stellt allerdings nur den ersten Schritt dar. Im nächsten Schritt gilt es, dieses Wissen in die Tat umzusetzen; dieser zweite Schritt wird als *Fähigkeitsstufe* bezeichnet.

> **ZUSATZINFO**
>
> *Die **Wissensebene** bezieht sich auf die Komplexität und Breite des Emotionswissens. Diese beschreibt das emotionale Wissen eines Menschen und wie dieses Wissen eingesetzt werden sollte, um mit emotionsgeladenen Situationen umzugehen.*

2.2.2 FÄHIGKEIT

„Ideen sind wertlos, wenn wir nicht nach ihnen handeln." – Earl Nightingale

Die *Fähigkeitsstufe* beschreibt die tatsächliche Umsetzung des Wissens aus Büchern, Selbsterkenntnis oder von anderen Menschen in die Praxis. Im Sport bezieht sich die Fähigkeitsstufe beispielsweise auf einen Athleten, der in der Lage ist, eine bestimmte Emotionsregulationsstrategie durchzuführen, wie z. B. langsame Atmung, wenn er explizit dazu aufgefordert wird. Allerdings, wenn Sie gefragt werden, ob Sie etwas machen können, bedeutet das nicht, dass Sie es auch tatsächlich in jeder Situation in Ihrem Alltag tun würden und könnten.

Um in den meisten Situationen ohne große Anstrengungen emotional intelligent zu handeln, muss diese Fähigkeit ein Teil Ihrer Persönlichkeit werden, sodass Sie diese jederzeit verwenden können, wenn Sie gefordert ist. An dieser Stelle wird die Fähigkeit zu einer *Eigenschaft*. Das Schließen der Lücke zwischen Fähigkeits- und Eigenschaftsebene ist vermutlich der schwierigste Schritt, aber wahrscheinlich auch derjenige mit dem größten Einfluss, oder, um bei der Metapher zu bleiben, der lohnendste Wegabschnitt der Reise zur *emotionalen Intelligenz*. Das Gelingen dieses Übergangs wird sich positiv auf unterschiedlichste Aspekte des Lebens und des Sporttreibens auswirken.

> **ZUSATZINFO**
>
> *Die **Fähigkeitsebene** bezieht sich darauf, Emotionswissen in einer emotionalen Situation anzuwenden und Strategien zu nutzen, wie gehandelt werden sollte. Der Fokus liegt hier nicht auf dem, was Menschen wissen, sondern auf dem, was sie tun **können**.*

2.2.3 EIGENSCHAFT

„Gewohnheiten verändern den Charakter." – Ovid

Die *Eigenschaftsebene* bezieht sich auf das, was Menschen normalerweise *tun*, wenn sie sich in emotionalen Situationen befinden. Es ist die Antwort auf die Frage: „Was ist typisch für mich?" *Es ist typisch für mich, während des Spiels gelassen und konzentriert zu bleiben, gleichgültig, was passiert.* Im Vergleich zu: *Es ist typisch für mich, nach jeder Entscheidung gegen mich erregt mit dem Schiedsrichter zu diskutieren und mich über meine eigenen Fehler und die Fehler meiner Mitspieler aufzuregen.*

Während Verhaltensweisen auf der *Fähigkeitsstufe* Selbstdisziplin und Willenskraft erfordern, können Verhaltensweisen auf der *Eigenschaftsebene* ohne große Anstrengung abgerufen und eher als Teil des Charakters, der Identität bzw. mehr oder weniger als automatische Gewohnheiten bezeichnet werden. Ein Schlüssel zum Übergang von der Fähigkeitsstufe auf die Eigenschaftsebene ist Wiederholung, wodurch gewisse Techniken und Verhaltensweisen in Fleisch und Blut übergehen und dadurch langfristig zu einem Teil Ihrer Persönlichkeit werden können.

> **ZUSATZINFO**
>
> Die **Eigenschaftsebene** bezieht sich auf emotionsbezogene Dispositionen, nämlich die Neigung, sich in emotionalen Situationen in einer bestimmten Art und Weise zu verhalten. Der Fokus liegt hier nicht auf dem, was Menschen wissen oder tun können, sondern auf dem, was sie gewohnheitsgemäß tun.

2.2.4 DIE DREI LEVEL DER EI-MEISTERUNG EINES SPORTLERS

Um den Weg zur Meisterung der EI zu veranschaulichen, bedienen wir uns des Beispiels eines Athleten, der vor einer stressigen Situation während eines Wettkampfs steht. Stellen Sie sich einen Fußballspieler vor, der einen entscheidenden Strafstoß in der letzten Minute eines Fußballspiels schießt, der den Unterschied zwischen einem 1:0-Sieg oder einem Unentschieden ausmacht.

Abb. 2: Der alles-entscheidende Strafstoß unter enormen Druck

 **Wissensebene – 1 – 2 – 3**: Ein Athlet auf der Wissensstufe hat beispielsweise von seinem Coach oder seinen Teamkollegen von Techniken gehört, die ihm helfen, sich auf sein Elfmeterschießen zu konzentrieren und seine Emotionen zu regulieren, bevor er antritt. Jedoch, hat er es nie wirklich beim Training versucht. Also wird er in dieser entscheidenden Situation eher nicht in der Lage sein, dieses Wissen zu nutzen, das ihm beim Elfmeterschießen unterstützen könnte. Daher hat er eher Schwierigkeiten, mit dem Druck umzugehen, was wiederum die Chancen eines verschossenen Elfmeters erhöht.

 **Fähigkeitsebene – 1 – 2 – 3**: Stellen Sie sich nun denselben Fußballspieler vor, der während des Trainings eine Strategie von seinem Trainer vermittelt bekommen hat, wie er seine Aufmerksamkeit während der Elfmeterausführung regulieren kann. Diese Strategie beinhaltet eine Routine, die seine Aufmerksamkeit auf das optimale Treffen des Balls fokussiert, welche der Spieler während des Trainings hin und wieder geübt hat. Allerdings trainierte der Athlet diese Technik nicht regelmäßig, weshalb sie dem Spieler noch nicht zuverlässig während des Wettkampfs helfen wird.

Das Training der *emotionalen Intelligenz* ist, wie jede Art von Training, durch Wiederholung geprägt. Damit ein Training der *emotionalen Intelligenz* effektiv ist, müssen Sie sich wie bei jeder anderen Art von Training Zeit nehmen und über einen längeren Zeitraum trainieren. Erst dadurch können Sie die entsprechenden Techniken automatisch am entscheidenden Tag des Wettbewerbs anwenden. Wenn Sie regelmäßig trainieren und Ihre Fähigkeiten anwenden, können Sie von der Fähigkeits- zur Fertigkeitsstufe gelangen.

**Eigenschaftsebene** – 1 – 2 – **3**: Um sich dieser Ebene anzunähern und sie letztendlich zu erreichen, werden die verschiedenen Kompetenzen der *emotionalen Intelligenz* wiederholt im Training gefördert und Techniken geübt. Somit lernt und automatisiert der Spieler, seine Emotionen zu kontrollieren, auch wenn der Druck hoch ist. Durch das wiederholte Trainieren über einen längeren Zeitraum während des Trainings kann ein spezifischer Umgang mit Emotionen zur Gewohnheit werden, der auch im Wettkampf leistungsförderlich sein kann.

Emotionale Intelligenz zu fördern und den Weg zur Ausbildung der *emotionalen Intelligenz* erfolgreich zu bestreiten, setzt voraus, den Zusammenhang zwischen den Meilensteinen – Wissen, Fähigkeit, Eigenschaft – zu verstehen. Dieses Verständnis bildet eine wichtige Grundlage für die Entwicklung *emotionaler Intelligenz* für Athleten, Trainer und Offizielle.

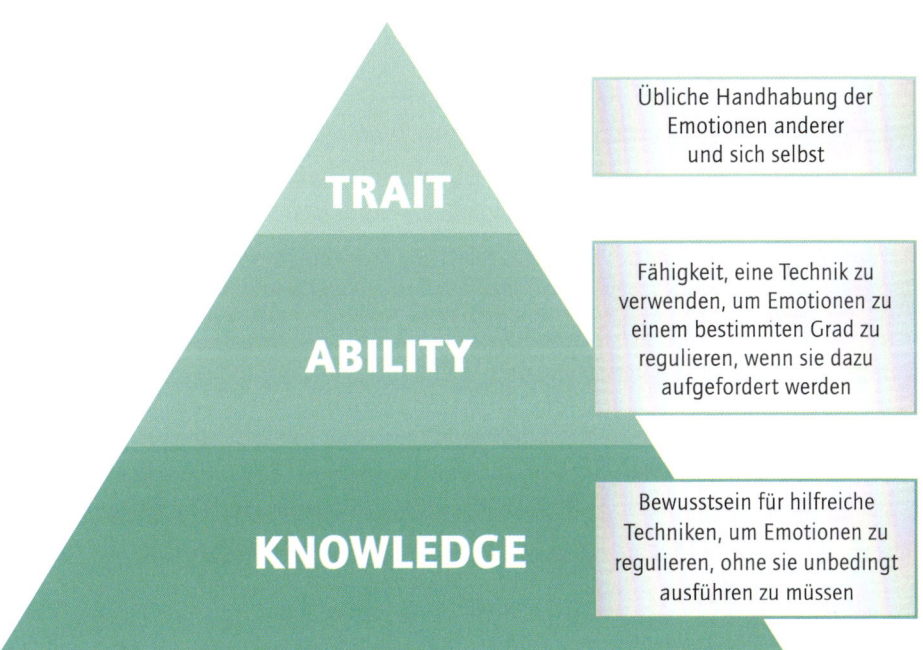

Abb. 3: Die drei Level der emotionalen Intelligenz

3

DIE ROLLE DER *EMOTIONALEN INTELLIGENZ* IM SPORT UND BEI KÖRPERLICHER AKTIVITÄT

Jack Johnson, der erste schwarze Schwergewichtsweltmeister im Boxen, war bekannt dafür, einige seiner Gegner zu provozieren, einfach nur, um herauszufinden, wie sie reagieren, wenn sie wütend sind. Da Johnson aus armen Verhältnissen stammte, konnte er sich keinen Trainer leisten. Deshalb versuchte er, an so vielen Kämpfen wie möglich teilzunehmen, um dadurch zu trainieren. Obwohl er aufgrund seines außerordentlichen Könnens viele Gegner in den ersten Runden des Kampfs hätte ausknocken können, zögerte er viele seiner Kämpfe bis zur letzten Runde hinaus.

Während der Kämpfe beobachtete und studierte er seine Gegner, im Speziellen konzentrierte er sich allerdings auf ihre emotionalen Reaktionen auf seine Provokationen. So konnte er nicht nur Informationen über ihre Technik, ihren Stil oder ihre Taktik gewinnen, sondern auch ihre emotionalen Schwächen identifizieren. Dies half ihm, seinen Gegnern häufig einen Schritt voraus zu sein.

Das Beispiel von Jack Johnson illustriert den inzwischen vielfach bestätigten Befund, dass *emotionale Intelligenz* eine positive Auswirkung auf sportliche Leistung haben kann. Eine zusammenfassende Analyse von nahezu 40 wissenschaftlichen Studien zu dieser Thematik belegt diesen leistungsförderlichen Einfluss [1].

Es bedarf vermutlich keiner weiteren Erklärung, dass herausragende Leistung im Sport viele Ursachen hat und durch viele Faktoren beeinflusst wird. Von besonderer Bedeutung für Athleten ist es, sich regelmäßig und kontinuierlich zu motivieren, um langfristige Ziele zu erreichen. Dadurch können sie als Produkt von hartem Training kontinuierlich neue Herausforderungen setzen, um ihre Fähigkeiten und Fertigkeiten zu verbessern. Außerdem müssen sie in diesem Prozess mit dem Stress und Druck umgehen können, um ihre Ziele zu erreichen. Auch Rückschritte und Misserfolg müssen Sportler bewältigen, um langfristig erfolgreich zu sein. Wie Michael Jordan sagte: „Ich habe versagt, immer und immer wieder – das ist der Grund, weshalb ich erfolgreich bin."

Um diese und zahlreiche weitere Anforderungen, die der Sport mit sich bringt, zu bewältigen, müssen Athleten in der Lage sein, mit ihren eigenen Emotionen sowie mit den Emotionen von Teamkollegen, Trainern, Schiedsrichtern, Zuschauern und Gegnern umgehen zu können [1]. Im nächsten Abschnitt werden wir diesen zentralen Punkt in seinen verschiedenen Facetten näher beleuchten.

3.1 ATHLETEN – LEISTUNG UND *EMOTIONALE INTELLIGENZ*

In der Einleitung wurden Beispiele aufgeführt, die veranschaulichen, auf welche Art und Weise *emotionale Intelligenz* in verschiedenen Sportarten von Bedeutung ist. Forschungsergebnisse stützen eine positive Auswirkung *emotionaler Intelligenz*. Zum Beispiel zeigt sich, dass Athleten mit höherer *emotionaler Intelligenz* größere Erfolgsaussichten haben als Athleten mit einer schlechter ausgeprägten *emotionalen Intelligenz* [1]. Bei Athleten zeigen sich verschiedene positive Zusammenhänge zwischen der Ausprägung von *emotionaler Intelligenz* und leistungsrelevanten Parametern, auf die wir im Folgenden näher eingehen.

- **Höhere Zufriedenheit mit der eigenen Leistung**: Athleten mit höherer *emotionaler Intelligenz* zeichnen sich nicht nur durch bessere sportliche Leistung aus, sondern neigen auch dazu, zufriedener mit ihrer erreichten Leistung zu sein. Diese höhere Zufriedenheit ist vermutlich ein Resultat einer realistischeren Zielsetzung, was auch ein Merkmal emotional intelligenter Menschen ist. Die erlebte höhere Zufriedenheit kann wiederum positive Auswirkungen auf die zukünftige Motivation und Leistung des Athleten haben.

- **Höhere Ganzjahresleistung**: Verschiedene Studien von unabhängigen Forschergruppen aus der ganzen Welt zeigen, dass *emotionale Intelligenz* einen positiven Einfluss auf längerfristige Leistung im Sport hat. In diesem Zusammenhang zeigen Athleten mit höherer *emotionaler Intelligenz* unter Berücksichtigung objektiver Leistungsparameter bessere Leistung im Baseball [8] oder im Eishockey [9]. Ein weiterer Beleg für den positiven Zusammenhang von *emotionaler Intelligenz* und sportlicher Leistung findet sich in der international beliebten Sportart Kricket. In dieser Sportart kann sich ein Spiel über mehrere Tage hinziehen und stellt somit auch eine besondere Herausforderung an die *emotionale Intelligenz* der Akteure dar. Daher mag es nicht verwunderlich erscheinen, dass die durchschnittlichen Werte *emotionaler Intelligenz* der Mannschaft in Zusammenhang mit den erreichten Punkten standen [10]. Dies deutet an, dass es nicht nur interessant ist, *emotionale Intelligenz* für individuelle Personen zu betrachten, sondern auch für ganze Mannschaften.

> **Weniger Nervosität vor und im Wettkampf**: Auch in Bezug auf das Erleben unerwünschter Emotionen während des Wettkampfs kann eine gut ausgeprägte *emotionale Intelligenz* für Athleten hilfreich sein. Vor diesem Hintergrund zeigt sich, dass emotional intelligente Athleten vor einem sportlichen Wettkampf weniger Nervosität oder Angst zeigen [11]. Dies kann Ihnen helfen, keine unnötige Energie zu verschwenden und Ihre Aufmerksamkeit nicht auf besorgniserregende Gedanken zu lenken, sondern auf den Wettkampf.

> **Muskelkraft bei Stress**: Die erfolgreiche Regulation der eigenen Emotionen hilft uns dabei, Situationen neu zu bewerten. Zum Beispiel können zuerst als bedrohlich wahrgenommene Situationen auch als Herausforderung bewertet werden. Eine solche Neubewertung hat zahlreiche positive Effekte und kann unter anderem das Selbstwirksamkeitsgefühl erhöhen. Das *Selbstwirksamkeitsgefühl* ist ein zentrales Konzept in der Psychologie. Umgangssprachlich ist es dem Begriff des *Selbstvertrauens* ähnlich, wobei sich Selbstwirksamkeit eher auf konkrete Situationen und Verhaltensweisen bezieht und Selbstvertrauen ein umfassenderes Gefühl beschreibt. Studien zeigen, dass sich die Selbstwirksamkeitsüberzeugung positiv auf die Muskelfunktion während psychisch belastender Situationen auswirkt [12]. Derartige Befunde deuten an, dass Athleten mit hoher *emotionaler Intelligenz* und einer damit einhergehenden höheren Selbstwirksamkeit einen körperlichen Vorteil während einer Wettkampfsituation haben können.

Abb. 4: Positiver Einfluss der Selbstwirksamkeitsüberzeugung auf die Muskelkraft

› *Emotionale Intelligenz* und physiologische Funktionen
Immer mehr Befunde aus den unterschiedlichsten wissenschaftlichen Disziplinen deuten darauf hin, dass die traditionelle Auffassung einer strikten Trennung von Körper und Geist, wie sie beispielsweise von dem französischen Philosophen René Descartes (1596-1650) beschrieben wurde, im besten Falle irreführend, wenn nicht gänzlich falsch ist. In einem einflussreichen Buch zur Neurophysiologie von Emotionen, welches den provokanten Titel *Descartes error* [*Descartes Fehler*] [13] trägt, kann der Neurowissenschaftler Antonio Damasio überzeugend den Zusammenhang von Körper und Geist am Beispiel von Emotionen aufzeigen.

Auch im Bereich Sport mehren sich in dieser Hinsicht Befunde, welche eine Verbindung zwischen *emotionaler Intelligenz* und körperlichen Prozessen zeigen. Dies kann als Anzeichen auf eine körperliche Basis von *emotionaler Intelligenz* angesehen werden, oder zumindest von einem engen Zusammenhang zwischen mentalen und körperlichen Prozessen. Metaphorisch gesprochen, reflektieren die Kreuze, welche wir mit einem Stift auf einem Fragebogen machen, auch physiologische Prozesse in unserem Körper. Wichtige Entdeckungen in diesem Zusammenhang konnten am menschlichen Herzen und im Mund gemacht werden.

› *Emotionale Intelligenz* im Herzen

Abb. 5: Emotionale Intelligenz spiegelt sich auch im Herzen wieder

Durch eine spezifische Analyse der Herzfrequenz ist es möglich, zu bestimmen, wie gut Menschen mit Stress umgehen. Das Gehirn ist mit dem Herzen insbesondere durch den Vagusnerv verbunden, einen der 12 Hirnnerven und hauptverantwortlich für die Emotionsregulation. Eine hohe Aktivität in diesem Nerv bedeutet unter anderem, dass Sportler in Leistungssituationen besser in der Lage sind, ablenkende Gedanken zu filtern und sich auf das Geschehen zu fokussieren. Wenn die Aktivität in diesem Nerv niedrig ist, dann bedeutet dies, dass Athleten sich leichter ablenken lassen und ängstlicher sind. Stress verringert in der Regel die Aktivität des Vagusnervs. Dies kann ungewollte Konsequenzen auf die Konzentration haben. Demzufolge gilt es, die Aktivität des Vagusnervs auf einem optimalen Niveau zu halten.

Die Aktivität des Vagusnervs wird durch zahlreiche Faktoren beeinflusst. Aktuellste Untersuchungen zeigen nun auch, dass die *emotionale Intelligenz* eines Menschen einen Einfluss auf die Aktivität dieses Nervs haben kann. Individuen mit einer höheren *emotionalen Intelligenz* zeigen vor und während Drucksituationen ein höheres Aktivitätsniveau ihres Vagusnervs auf. Dies kann als eine bessere Reaktion des Herzens auf Stress interpretiert werden [14, 15]. Die schützende Wirkung der *emotionalen Intelligenz* für das Herz hilft den Athleten, unter Druck nicht in Panik zu geraten und gelassen zu bleiben.

- *Emotionale Intelligenz* und Hormone (im Mund)
  Menschen reagieren auf bestimmte Ereignisse nicht nur mit physiologischen Anpassungen, sondern auch mit hormonellen Anpassungen. In Bezug auf Stress ist das wichtigste Hormon Kortisol, welches in engem Zusammenhang mit der überlebenswichtigen Kampf- oder Fluchtreaktion eines Menschen steht. Wenn sich eine Person gestresst fühlt, steigt die Produktion von Kortisol im Gehirn. Bemerkenswerterweise hat dies einen unmittelbaren Einfluss auf die Kortisolkonzentration im Mund. Daher ist die einfachste Möglichkeit, Kortisol zu messen, eine Speichelprobe aus dem Mund zu entnehmen. Untersuchungen zeigen, dass emotional intelligente Athleten als Reaktion auf eine Drucksituation einen niedrigeren Anstieg des Kortisolspiegels im Speichel zeigen als weniger emotional intelligente Athleten [16].

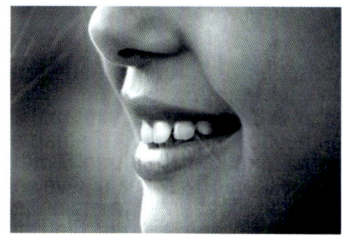

Abb. 6: *Kortisolkonzentration im Mund verrät den Grad an Stress*

- **Bewahren Sie Haltung unter Druck:** Die Ergebnisse zum Zusammenhang von *emotionaler Intelligenz* und physiologischen und hormonellen Faktoren lassen jedoch nicht den Schluss zu, dass emotional intelligente Athleten durch eine bessere körperliche und geistige Konstitution gesegnet sind. Studien legen ebenfalls nahe, dass emotional intelligente Athleten häufiger Gebrauch von förderlichen psychologischen Techniken machen: Aktivierungs- und Entspannungstechniken, emotionale Kontrolle, Zielsetzung, Vorstellungsregulation und Selbstgespräche [17].
  Dies ist so interpretiert worden, dass emotional intelligente Athleten die Tendenzen zeigen, sich ihren Problemen zu stellen, anstatt vor ihnen zu fliehen. Damit erlangen sie eine größere Kontrolle über verschiedene Situationen, anstatt ihnen hilflos ausgeliefert zu sein [18, 19].

- **Wichtig sowohl für den Einzel- als auch für den Mannschaftssport:** Obwohl man eventuell intuitiv annehmen könnte, dass Mannschaftssportler aufgrund der hohen Interaktion mit anderen Menschen von einer stärker ausgeprägten *emotionalen Intelligenz* profitieren würden, zeigen sich zumindest keine Unterschiede hinsichtlich der Ausprägung der *emotionalen Intelligenz* von Mannschaftssportlern und Individualsportlern [19, 20]. Während Individualsportler für ihre eigene Leistung und ihr eigenes Ergebnis verantwortlich sind, wofür der Umgang mit den eigenen Emotionen sehr wichtig ist, sind Mannschaftssportler für die eigenen Emotionen verantwortlich und benötigen zusätzlich ein hohes Maß an *emotionaler Intelligenz*, um adäquat mit ihren Teamkollegen und deren emotionalem Erleben umzugehen.

3.2 TRAINER

Angesichts ihrer besonderen Stellung in der Mannschaft und ihrer Verantwortung für die gesamte Mannschaft ist *emotionale Intelligenz* für Trainer von besonderer Bedeutung. Pep Guardiola, der Trainer des deutschen Fußballclubs FC Bayern München von 2013 bis 2016, hat in einem Interview bestätigt, wie wichtig es für einen Trainer ist, nicht jeden Spieler gleich zu behandeln, sondern herauszufinden, wie jeder einzelne Spieler auf eine individuelle Art und Weise angesprochen werden muss, um Spitzenleistung zu erzielen.

Sein Nachfolger, Carlo Ancelotti, schreibt in seinem Buch *Quiet Leadership – wie man Menschen und Spiele gewinnt* [21]: „Mit diesen Sportlern zu arbeiten, sie in ihrer Entwicklung zu fördern, Vertrauen und Loyalität aufzubauen, unsere Erfolge gemeinsam zu feiern und Enttäuschungen gemeinsam zu überwinden: All das macht für mich den Kern meiner Tätigkeit aus."

Während der eine Spieler eventuell bessere Leistung bringen kann, wenn er vor dem ganzen Team kritisiert wurde, da er sich dadurch motiviert und angestachelt fühlt, könnte dies bei einem anderen Spieler das genaue Gegenteil bewirken. *Emotionale Intelligenz* unterstützt den Trainer dabei, einen geeigneten Weg zu finden, um seine Spieler individuell „emotional zu managen".

Empathie und emotionale Ansteckung können hierbei als wichtige Werkzeuge verstanden werden, welche der Trainer im Bereich des Coachings nutzen sollte [22]. Weiterhin betont O'Neil (2011), wie wichtig die Fähigkeit eines Trainers ist, ein positives und emotionales Klima zu erzeugen, um die Beziehungen zwischen Spielern untereinander und zum Trainer zu stärken. Studien belegen, dass emotional intelligenten Trainern mehr Vertrauen in ihre Führungsfähigkeiten entgegengebracht wurde [23] und dass ein hohes Maß an *emotionaler Intelligenz* mit einer höheren Coachingwirksamkeit zusammenhäng [24, 25].

3.3 SCHIEDSRICHTER UND KAMPFRICHTER

Schiedsrichter und Offizielle können den Verlauf und die Stimmung des Spiels durch ihr Verhalten und ihre Ausdrucksweise gegenüber den Spielern stark beeinflussen. Einer der bekanntesten Schiedsrichter im Fußball aller Zeiten, Pierluigi Colina, wusste sein nonverbales Verhalten perfekt einzusetzen: die Art, zu einem Konfliktort zu rennen, langsame oder hektische Bewegungen zu machen, Augenkontakt zu halten, ein Lächeln zum

Spannungsabbau zu nutzen oder ruhige oder entschiedene Handbewegungen zu machen. Wenn es nötig war, zögerte er auch nie, Wut zu zeigen, um seinen Standpunkt zu verdeutlichen. Er schaffte es immer, die perfekte Kombination aus Körpersprache und gesprochener Sprache zu erlangen, um den besten Effekt auf die Spieler zu haben.

Ohne Kampfrichter und Schiedsrichter könnten sportliche Wettkämpfe nicht durchgeführt werden. Auch wenn die Befundlage zur *emotionalen Intelligenz* bei Schieds- und Kampfrichtern spärlich ist, liegt es nahe, zu vermuten, dass emotional intelligentere Schiedsrichter weniger Probleme hätten, ein Spiel reibungslos zu leiten.

Dies trifft vermutlich vor allem auf Mannschaftssportarten, wie Fußball, American Football, Basketball etc., zu, da es hier zu regelmäßigen Interaktionen zwischen Schiedsrichtern und Spielern kommt. Bei diesen Interaktionen benötigen Schiedsrichter die Fähigkeit, in belastenden Situationen ruhig zu bleiben. Diese Annahme wird dadurch verstärkt, dass sie ständig der Kritik der Zuschauer, Spieler, Trainer und der Medien ausgesetzt sind. Aus diesem Grund kommt ihrer Art und Weise zu kommunizieren eine wichtige Bedeutung zu [26].

3.4 KÖRPERLICHE AKTIVITÄT

Die bisherigen Ausführungen haben gezeigt, dass zahlreiche wissenschaftliche Befunde darauf hindeuten, wie wichtig *emotionale Intelligenz* für sportliche Wettkämpfe ist. *Emotionale Intelligenz* spielt allerdings auch im Bereich des privaten Gesundheits- und Amateursports eine Rolle. Zum Beispiel, wenn Personen körperlich aktiv werden und diese Aktivität auch aufrechterhalten wollen [27]. Hier müssen Personen in der Lage sein, sich zu motivieren und Hindernisse zu überwinden, die beispielsweise mit einem anstrengenden beruflichen Alltag einhergehen.

Emotional intelligenteren Menschen fällt es leichter, sich Strategien zu überlegen (beispielsweise sich mit anderen Personen zusammenzutun), um trotz Erschöpfung und Müdigkeit zum Training zu gehen. Außerdem gibt es Forschungsergebnisse, die zeigen, dass emotionale Erwartungen an eine Sportart, z. B., dass sie Spaß machen wird oder dass man sich nach dem Sport besser fühlen wird, motivierender wirken, als rationalere, langfristigere Erwartungen, wie z. B., dass man durch Sporttreiben gesünder wird [28].

Menschen, die kurzfristige, affektive Erwartungen an Aktivität haben, erfahren häufiger, dass sich diese erfüllen und schaffen es durch diese Art „motivationalen Boost", über längere Zeit ihre Aktivität aufrechtzuerhalten oder zu steigern. Hier ist auch anzunehmen, dass emotional intelligentere Menschen eher in der Lage sind, realistische emotionale Erwartungen an ihr Vorhaben, körperlich aktiv zu sein, haben und dadurch eher positive, sich erfüllende Erfahrungen machen werden, die wiederum ihre Motivation verstärken. Zusammenfassend lässt sich feststellen, dass *emotionale Intelligenz* sowohl beim organisierten Sport als auch bei körperlicher Aktivität eine wichtige Rolle spielt [1].

4 WIE GUT IST MEINE *EMOTIONALE INTELLIGENZ* UND WO LIEGEN MEINE SCHWÄCHEN? – MESSUNG *EMOTIONALER INTELLIGENZ* MIT DEM PROFIL DES *EMOTIONALEN-KOMPETENZEN-FRAGEBOGENS*

„Was gemessen wird, wird verwaltet." – Peter Drucker

Die bisherigen Ausführungen werfen eventuell die Frage auf, woher ich weiß, wie es um meine *emotionale Intelligenz* steht, oder anders formuliert, wie ich meine *emotionale Intelligenz* bestimmen kann. Die Messung *emotionaler Intelligenz* ist der erste Schritt, um zu verstehen, wo Ihre Stärken und Schwächen in diesem Bereich liegen. Diese Erkenntnis kann Ihnen einen Impuls geben und Ihre Bereitschaft erhöhen, bestimmte Facetten der *emotionalen Intelligenz* zu fördern und zu trainieren.

Wir stellen hier ein etabliertes Instrument in Form eines Fragebogens vor, welches es Ihnen ermöglicht, Ihre emotionalen Kompetenzen zu messen. Obwohl es verschiedene, mehr oder weniger wissenschaftlich basierte Instrumente zur Messung der *emotionalen Intelligenz* gibt, die teilweise auch durch eine einfache Google-Suche heruntergeladen werden können, erachten wir den hier vorgestellten Fragebogen als ein sinnvolles, handhabbares Instrument im Sport, welches von erfahrenen Psychologen entwickelt und validiert wurde. Außerdem gilt dieses Instrument im Vergleich zu zahlreichen anderen als evidenzbasiert und beruht auf der Grundlage aktuellster Forschung zu Emotionen und *emotionaler Intelligenz*.

Der Fragebogen wird *Profil der emotionalen Kompetenzen* genannt und wurde von Experten aus Belgien und Frankreich [4] entwickelt. In Kollaboration mit Kollegen der Universität Heidelberg entwickelten und validierten wir an der Deutschen Sporthochschule Köln die deutsche Version des *Profils der emotionalen Kompetenzen*. Das *Profil der emotionalen Kompetenzen* besteht aus 50 Fragen, welche die fünf vorgestellten Kompetenzen der *emotionalen Intelligenz* erfassen:

- Identifikation (z. B. „Wenn ich von etwas berührt werde, weiß ich sofort, was ich fühle.");
- Ausdruck (z. B. „Ich bin gut darin, meine Gefühle zu beschreiben.");
- Verständnis (z. B. „Ich verstehe nicht immer, warum ich gestresst bin.");
- Regulation (z. B. „Wenn ich traurig bin, finde ich es einfach, mich selbst aufzumuntern.");
- Nutzen (z. B. „Ich kann leicht bekommen, was ich von anderen will.").

4.1 PROFIL DER EMOTIONALEN KOMPETENZEN IM VERGLEICH ZU ANDEREN FRAGEBÖGEN

Es gibt drei wesentliche Punkte, die den Fragebogen zum *Profil emotionaler Kompetenzen* von anderen Verfahren abheben:

- **Bewertung der fünf zentralen emotionalen Kompetenzen aus zwei Perspektiven:** Das *Profil der emotionalen Kompetenzen* ist der einzige Fragebogen, der jede der fünf emotionalen Kompetenzen, die wir im ersten Abschnitt vorstellten (*Identifikation, Verständnis, Ausdruck, Regulation* und *Nutzung*), erfasst, sowohl bezogen auf die eigenen Emotionen als auch bezogen auf die Emotionen anderer Personen.

- **Gut geeignet, um das emotionale Intelligenzprofil eines Individuums zu veranschaulichen und, darauf aufbauend, Interventionen zu entwerfen:** Das *Profil der emotionalen Kompetenzen* liefert ein detailliertes Profil der emotionalen Kompetenzen für alle Personen im Sport. Somit ist es als mehrdimensionales Ausgangsmaß der *emotionalen Intelligenz* gut geeignet und kann als Grundlage zur Entwicklung von spezifischer Intervention und Schulung dienen. Darauf basierend, können maßgeschneiderte Interventionen entwickelt und durchgeführt werden, welche die identifizierten Schwächen von Sportlern angehen und Stärken weiter ausbauen. Abschließend kann mit-

› **Der einzige Fragebogen, der beurteilt, wie Menschen ihre eigenen Emotionen verstehen:** Das *Profil der emotionalen Kompetenzen* ist momentan der einzige Fragebogen, der das individuelle Verständnis von Emotionen misst. Mit höheren Werten bei der Kompetenz *Verständnis* im *Profil der emotionalen Kompetenzen* ist man mit höherer Wahrscheinlichkeit gesünder [4]. Da sportliche Leistung gewissermaßen Gesundheit voraussetzt, ist es sinnvoll, gerade diese Kompetenz zu stärken. Zum Beispiel könnte das Training des Verständnisses der eigenen Emotionen Athleten helfen, besser einzuschätzen, wie sehr sie entstehender Leistungsdruck emotional beansprucht und somit die Möglichkeit eröffnen, frühzeitig entgegenzuwirken.

hilfe des Fragebogens auch überprüft werden, ob eine Intervention den gewünschten Effekt erzielt hat.

Wir stellen im nachfolgenden Kap. 4.2 die deutsche Version des Fragebogens *Profil der emotionalen Kompetenzen* sowie Normen zur Verfügung, um hohe und niedrige Werte bei den einzelnen Kompetenzen zu identifizieren.

4.2 PROFIL DER EMOTIONALEN KOMPETENZEN

Im Alltag sind wir mit den verschiedensten Dingen konfrontiert. Für uns sind häufig besonders diejenigen ausschlaggebend, die mit starken Emotionen einhergehen. Emotionen steuern unsere Motivation und damit auch unsere Handlungen. Außerdem spielen unsere Emotionen eine wichtige Rolle im sozialen, zwischenmenschlichen Bereich. So kann ich beispielsweise als Trainer aufbauen, wenn ich erkenne, dass ein Spieler sich wegen des verschossenen Elfmeters Vorwürfe macht.

Emotionale Kompetenzen umfassen sowohl den Umgang mit eigenen Emotionen als auch den Umgang mit Emotionen anderer Menschen, d. h., sie charakterisieren den Umgang mit meinen Emotionen und denen meiner Mitmenschen.

Der nachfolgende Fragebogen *Profil der emotionalen Kompetenzen* betrachtet 10 Kompetenzen, weil sie sich jeweils auf den Umgang mit eigenen Emotionen und den Umgang mit Emotionen anderer beziehen. Neben den 10 Kompetenzen wird eine Gesamteinschätzung der *emotionalen Intelligenz* sowie je eine separate Einschätzung des Umgangs mit den eigenen Emotionen und des Umgangs mit den Emotionen anderer gegeben.

Instruktion

Die folgenden Fragen wurden konstruiert, um ein besseres Verständnis darüber zu erlangen, wie Sie in Ihrem alltäglichen Leben mit Ihren Emotionen umgehen. Bitte beantworten Sie jede Frage spontan, indem Sie sich vor Augen führen, wie Sie normalerweise reagieren würden. Es gibt keine richtigen oder falschen Antworten, da wir uns auf dieser Ebene alle unterscheiden.

Sie müssen jede Frage auf einer Skala von 1 bis 5 beantworten, wobei 1 bedeutet, dass diese Aussage Sie überhaupt nicht treffend beschreibt bzw. Sie nie derart reagieren würden, und 5 bedeutet, dass diese Aussage Sie sehr gut beschreibt bzw. Sie sehr oft derart reagieren.

Tab. 1: Das Profil der emotionalen Kompetenzen					
	1	2	3	4	5
1.) Wenn meine Emotionen aufkommen, weiß ich nicht, was sie verursacht.*					
2.) Ich verstehe nicht immer, warum ich so reagiere, wie ich dies tue.*					
3.) Wenn ich wollte, wäre es für mich einfach, die Emotionen anderer so zu beeinflussen, damit ich erreiche, was ich will.					
4.) Ich weiß, was ich tun muss, um andere Leute für meine Sache zu gewinnen.					
5.) Ich fühle mich häufig verloren, wenn es darum geht, die emotionalen Reaktionen anderer Leute zu verstehen.*					
6.) Wenn ich mich gut fühle, fällt es mir leicht, zu erkennen, ob es daran liegt, dass ich stolz auf mich, glücklich oder entspannt bin.					
7.) Ich kann erkennen, ob eine Person verärgert, traurig oder glücklich ist, auch wenn sie nicht mit mir redet.					
8.) Ich bin gut darin, meine Gefühle zu beschreiben.					
9.) Meine Emotionen bilden nie die Grundlage meiner Lebensentscheidungen.*					
10.) Wenn ich mich „am Boden" fühle, fällt es mir leicht, eine Verbindung zwischen meinen Gefühlen und einem betreffenden Ereignis herzustellen.					
11.) Es fällt mir leicht, von anderen das zu bekommen, was ich will.					
12.) Es fällt mir leicht, mich nach einem schwierigen Ereignis zu beruhigen.					

Emotionale Intelligenz im Sport

	1	2	3	4	5
13.) Es fällt mir leicht, die emotionalen Reaktionen anderer um mich herum zu erklären.					
14.) Meistens verstehe ich, warum Personen sich gerade so fühlen, wie sie es tun.					
15.) Wenn ich traurig bin, fällt es mir leicht, mich aufzuheitern.					
16.) Wenn mich etwas berührt, weiß ich sofort, was ich fühle.					
17.) Wenn mir etwas missfällt, gelingt es mir, dies in einer ruhigen Art und Weise anzusprechen.					
18.) Ich verstehe nicht, warum die Leute um mich herum so reagieren, wie sie dies tun.*					
19.) Wenn ich eine Person sehe, die gestresst oder ängstlich ist, gelingt es mir, diese zu beruhigen.					
20.) Während eines Streits weiß ich nicht, ob ich verärgert oder traurig bin.					
21.) Ich benutze meine Gefühle, um meine Entscheidungen im Leben zu verbessern.					
22.) Ich versuche, aus schwierigen Situationen oder Emotionen zu lernen.					
23.) Andere Personen neigen dazu, mir persönliche Angelegenheiten anzuvertrauen.					
24.) Meine Emotionen informieren mich über Veränderungen, welche ich in meinem Leben vornehmen sollte.					
25.) Es fällt mir schwer, meine Gefühle anderen zu erklären, auch wenn ich dies möchte.*					
26.) Ich verstehe manchmal nicht, warum ich gestresst bin.*					
27.) Ich wüsste nicht, wie ich reagieren sollte, wenn jemand in Tränen zu mir käme.*					
28.) Mir fällt es schwer, Personen zuzuhören, die sich beschweren.*					
29.) Ich habe häufig die falsche Einstellung Personen gegenüber, da mir ihr emotionaler Zustand nicht bewusst war.*					
30.) Es fällt mir leicht, zu spüren, was andere fühlen.*					
31.) Mir ist es unangenehm, wenn andere Personen mir ihre Probleme schildern, daher versuche ich, es zu vermeiden.*					
32.) Ich weiß, was ich tun muss, um andere Personen zu motivieren.					
33.) Ich bin gut darin, andere Personen aufzumuntern.					

Wie gut ist meine emotionale Intelligenz und wo liegen meine Schwächen?

	1	2	3	4	5
34.) Mir fällt es schwer, eine Verbindung zwischen dem Verhalten einer Person und deren persönlichen Umständen herzustellen.*					
35.) Mir gelingt es meistens, zu beeinflussen, wie sich andere Personen fühlen.					
36.) Wenn ich wollte, würde es mir leicht fallen, jemanden sich unangenehm fühlen zu lassen.					
37.) Mir fällt es schwer, meine Emotionen im Griff zu haben.*					
38.) Die Leute um mich herum sagen mir, dass ich meine Gefühle nicht offen ausdrücke.*					
39.) Wenn ich wütend bin, fällt es mir leicht, mich zu beruhigen.					
40.) Ich wundere mich häufig über die Reaktionen einiger Leute, da ich mir nicht bewusst war, dass sie schlecht gelaunt waren.*					
41.) Meine Gefühle helfen mir, mich auf das zu fokussieren, was mir wichtig ist.					
42.) Andere akzeptieren nicht, wie ich meine Emotionen ausdrücke.*					
43.) Wenn ich traurig bin, weiß ich oft nicht, warum.*					
44.) Ziemlich häufig ist mir der emotionale Zustand anderer Personen nicht klar.*					
45.) Andere sagen mir, dass ich eine gute Vertrauensperson bin.					
46.) Ich fühle mich unwohl, wenn andere mir über etwas berichten, was für sie schwierig ist.*					
47.) Wenn ich es mit einer wütenden Person zu tun habe, fällt es mir leicht, sie zu beruhigen.					
48.) Mir sind meine Emotionen bewusst, sobald diese aufkommen.					
49.) Wenn ich mich „am Boden" fühle, finde ich es schwer, zu wissen, welche Emotion ich gerade fühle.*					
50.) Wenn ich in einer stressigen Situation bin, denke ich meistens in einer Art und Weise, die mir hilft, mich zu beruhigen.					

4.3 AUSWERTUNG *PROFIL DER EMOTIONALEN KOMPETENZEN*

Schritt 1: Fragebogen ausfüllen.

Schritt 2: Zahlen in Tab. 2 einfügen.

Schritt 3: „Richtige" Werte ermitteln. Alle Fragen, die mit einem Sternchen * gekennzeichnet sind, müssen bei der Auswertung „umgekehrt" werden. Das bedeutet, die Werte sind dann in diesem Fall folgendermaßen zu zählen: 1 = 5, 2 = 4, 3 = 3, 4 = 2, 5 = 1. Wenn Sie also beispielsweise bei Frage 20* den Wert 5 angekreuzt haben, gilt dieser bei der Auswertung als 1 usw.

Schritt 4: Nachdem Sie bei allen mit Sternchen versehenen Fragen die Werte umgekehrt haben, rechnen Sie den Mittelwert der Subskalen der emotionalen Kompetenzen aus. Konkret bedeutet dies, dass Sie die wahren Werte der jeweiligen Items (diese finden Sie in der folgenden Auflistung) addieren und durch ihre Gesamtanzahl, also hier jeweils durch 5 (fünf Fragen pro Faktor), teilen.

- Identifikation der eigenen Emotionen (6, 16, 20*, 48, 49*)
- Identifikation der Emotionen anderer (7, 29*, 30, 40*, 44*)
- Verständnis der eigenen Emotionen (1*, 2*, 10, 26*, 43*)
- Verständnis der Emotionen anderer (5*, 13, 14, 18*, 34*)
- Ausdruck der eigenen Emotionen (8, 17, 25*, 38*, 42*)
- Auf Emotionen anderer hören (23, 28*, 31*, 45, 46*)
- Regulation der eigenen Emotionen (12, 15, 37*, 39, 50)
- Regulation der Emotionen anderer (19, 27*, 33, 35, 47)
- Nutzen der eigenen Emotionen (9*, 21, 22, 24, 41)
- Nutzen der Emotionen anderer (3, 4, 11, 32, 36)

Schritt 5: Mithilfe der berechneten Subskalen können Sie nun Ihre drei emotionalen Kompetenzwerte ausrechnen. Für den *globalen Wert emotionaler Kompetenzen* berechnen Sie den Mittelwert aller Fragen. Dies bedeutet, dass Sie alle Werte des Fragebogens addieren und durch ihre Gesamtanzahl 50 teilen.

Der *intrapersonale emotionale Kompetenzwert* lässt sich durch den Mittelwert aller Subskalen, die zum Umgang mit Ihren eigenen Emotionen gehören (Identifikation, Verständnis, Ausdruck, Regulation und Nutzen der eigenen Emotionen), errechnen. Konkret müssen Sie also hier die vorher ausgerechneten Mittelwerte der Subskalen „Identifikation der eigenen Emotionen", „Verständnis der eigenen Emotionen", „Ausdruck der eigenen Emotionen", „Regulation der eigenen Emotionen" und „Nutzen der eigenen Emotionen" addieren und sie dann durch ihre Anzahl, nämlich 5, teilen.

Der *interpersonale emotionale Kompetenzwert* ergibt sich aus dem Mittelwert aller Subskalen, die zum Umgang mit den Emotionen anderer gehören (Identifikation, Verständnis, Ausdruck, Regulation und Nutzen der Emotionen anderer). Sie machen also dasselbe wie beim intrapersonalen Kompetenzwert, nur, dass sie hier die Subskalen „Identifikation der Emotionen anderer", „Verständnis der Emotionen anderer", „Ausdruck der Emotionen anderer", „Regulation der Emotionen anderer" und „Nutzen der Emotionen anderer" verwenden.

Schritt 6: Abschließend können Sie nun Ihre eigenen Werte mit aktuellen Normwerten vergleichen, um zu erfahren, auf welchem Niveau der emotionalen Kompetenzen Sie sich momentan befinden. Die Normwerte wurden mit einer Stichprobe aus Sportstudenten (Insgesamt 449; 233 weiblich, 217 männlich; Alter 25 Jahre, ± 4,5) der Universität Heidelberg und der Deutschen Sporthochschule in Köln ermittelt. Beim Vergleichen der Werte ist darauf zu achten, dass die einzelnen Bereiche nicht streng getrennt voneinander zu betrachten sind, sondern ein fließender Übergang von einem zum nächsten besteht. So kann z. B. ein Wert von 3,4 bei der Identifikation der eigenen Emotionen sowohl in den Anfänger als auch in den Aufsteigerbereich gezählt werden.

Identifikation der eigenen Emotionen:

- Anfänger: bis 3,4
- Aufsteiger: von 3,4 bis 3,8
- Fortgeschrittener: von 3,8 bis 4,2
- Profi: ab 4,2

Identifikation der Emotionen anderer:

- Anfänger: bis 3,6
- Aufsteiger: von 3,6 bis 3,8

Emotionale Intelligenz im Sport

- Fortgeschrittener: von 3,8 bis 4,2
- Profi: ab 4,2

Verständnis der eigenen Emotionen:

- Anfänger: bis 3,2
- Aufsteiger: von 3,2 bis 3,8
- Fortgeschrittener: von 3,8 bis 4,2
- Profi: ab 4,2

Verständnis der Emotionen anderer:

- Anfänger: bis 3,4
- Aufsteiger: von 3,4 bis 3,8
- Fortgeschrittener: von 3,8 bis 4,2
- Profi: ab 4,2

Ausdruck der eigenen Emotionen:

- Anfänger: bis 3
- Aufsteiger: von 3 bis 3,4
- Fortgeschrittener: von 3,4 bis 3,8
- Profi: ab 3,8

Emotionsausdruck anderer – Empathie empfinden:

- Anfänger: bis 3,6
- Aufsteiger: von 3,6 bis 4
- Fortgeschrittener: von 4 bis 4,4
- Profi: ab 4,4

Regulation der eigenen Emotionen:

- Anfänger: bis 2,6
- Aufsteiger: von 2,6 bis 3
- Fortgeschrittener: von 3 bis 3,6
- Profi: ab 3,6

Regulation der Emotionen anderer:

- Anfänger: bis 3,2
- Aufsteiger: von 3,2 bis 3,6
- Fortgeschrittener: von 3,6 bis 4
- Profi: ab 4

Nutzen der eigenen Emotionen:

- Anfänger: bis 3
- Aufsteiger: von 3 bis 3,6
- Fortgeschrittener: von 3,6 bis 4
- Profi: ab 4

Nutzen der Emotionen anderer:

- Anfänger: bis 2,8
- Aufsteiger: von 2,8 bis 3,2
- Fortgeschrittener: von 3,2 bis 3,6
- Profi: ab 3,6

Globale emotionale Kompetenzen:

- Anfänger: bis 3,4

Emotionale Intelligenz im Sport

- Aufsteiger: von 3,4 bis 3,6
- Fortgeschrittener: von 3,6 bis 3,8
- Profi: ab 3,8

Intrapersonale emotionale Kompetenzen:

- Anfänger: bis 3,2
- Aufsteiger: von 3,2 bis 3,5
- Fortgeschrittener: von 3,5 bis 3,8
- Profi: ab 3,8

Interpersonale emotionale Kompetenzen:

- Anfänger: bis 3,4
- Aufsteiger: von 3,4 bis 3,7
- Fortgeschrittener: von 3,7 bis 4
- Profi: ab 4

Beispiel

Um Ihnen die Berechnung einmal vereinfacht darzustellen, haben wir mit dem *Profil der emotionalen Kompetenzen* das Profil einer fiktiven Person erstellt. Das Ganze ist mithilfe einer Tabelle dargestellt, in der Sie die Auswertungsschritte 2-5 wiederfinden. Auf der folgenden Seite befindet sich ein Muster dieser Tabelle, das Sie gern selbst nutzen können. In der Spalte „angekreuzter Wert" tragen Sie Ihre Werte aus dem Fragebogen ein (Schritt 2), in der Spalte rechts daneben dann die wahren Werte (Schritt 3). Hier ist zu beachten, dass die umzukehrenden Werte mit einem roten Pfeil gekennzeichnet sind; diejenigen, bei denen ein Gleichzeichen ist, können so bleiben. In der zweiten Tabelle rechts daneben finden Sie Platz zum Eintragen der Mittelwerte (= MW) der Subskalen (Schritt 4) sowie der emotionale Kompetenzenscores (Schritt 5). Ihre ermittelten Werte können Sie nun mit den Normwerten vergleichen (Schritt 6). Hierbei haben wir, zur besseren Orientierung, eine Einteilung der Wertebereiche in Anfänger, Aufsteiger, Fortgeschrittene und Profi erstellt und erklären im folgenden Kapitel, was diese Bereiche bedeuten und wie Sie sich verbessern können.

Wie gut ist meine emotionale Intelligenz und wo liegen meine Schwächen?

Tab. 2: Ermittlung des richtigen Wertes			
	SCHRITT 2		SCHRITT 3
Item	Angekreuzter Wert		Wahrer Wert
1*	3	—▶	3
2*	4	—▶	2
3	2	=	2
4	2	=	2
5*	3	—▶	3
6	4	=	4
7	4	=	4
8	2	=	2
9*	2	—▶	4
10	4	=	4
11	1	=	1
12	2	=	2
13	2	=	2
14	3	=	3
15	2	=	2
16	3	=	3
17	4	=	4
18*	4	—▶	2
19	2	=	2
20*	1	—▶	5
21	3	=	3
22	4	=	4
23	4	=	4
24	2	=	2
25*	4	—▶	2

Tab. 3: Mittelwerte der einzelnen Subskalen	
SCHRITT 4	
Einzelne Subskalen	MW
1. Identifikation der eigenen Emotionen (MW der wahren Werte der Fragen 6, 16, 20*, 48, 49*)	2,4
2. Identifikation der Emotionen anderer (MW der wahren Werte der Fragen 7, 29*, 30, 40*, 44*)	3,2
3. Verständnis der eigenen Emotionen (MW der wahren Werte der Fragen 1*, 2*, 10, 26*, 43*)	3,5
4. Verständnis der Emotionen anderer (MW der wahren Werte der Fragen 5*, 13, 14, 18*, 34*)	2,4
5. Ausdruck der eigenen Emotionen (MW der wahren Werte der Fragen 8, 17, 25*, 38*, 42*)	3
6. Emotionsausdruck anderer – Empathie empfinden (MW der wahren Werte der Fragen 23, 28*, 31*, 45, 46*)	3,4
7. Regulation der eigenen Emotionen (MW der wahren Werte der Fragen 12, 15, 37*, 39, 50)	2,2
8. Regulation der Emotionen anderer (MW der wahren Werte der Fragen 19, 27*, 33, 35, 47)	3
9. Nutzen der eigenen Emotionen (MW der wahren Werte der Fragen 9*, 21, 22, 24, 41)	3,6

26*	4	→	2
27*	2	→	4
28*	4	→	2
29*	3	→	3
30	2	=	2
31*	2	→	4
32	2	=	2
33	2	=	2
34*	1	→	5
35	1	=	1
36	1	=	1
37*	2	→	4
38*	4	→	2
39	2	=	2
40*	2	→	4
41	2	=	2
42*	1	→	5
43*	1	→	5
44*	3	→	3
45	4	=	4
46*	2	→	4
47	2	=	2
48	3	=	3
49*	2	→	4
50	3	=	3

10. Nutzen der Emotionen anderer (MW der wahren Werte der Fragen 3, 4, 11, 32, 36)	2,6
SCHRITT 5	
Globale EK (MW aller wahren Werte)	2,92
Intrapersonale EK (MW aller Subskalen zum Umgang mit Ihren eigenen Emotionen)	2,94
Interpersonale EK (MW aller Subskalen zum Umgang mit den Emotionen anderer)	2,92

Wie gut ist meine emotionale Intelligenz und wo liegen meine Schwächen?

Tab. 4: Ermittlung des richtigen Wertes		
	SCHRITT 2	SCHRITT 3
Item	Angekreuzter Wert	Wahrer Wert
1*		
2*		
3		
4		
5*		
6		
7		
8		
9*		
10		
11		
12		
13		
14		
15		
16		
17		
18*		
19		
20*		
21		
22		
23		
24		
25*		

Tab. 5: Mittelwerte der einzelnen Subskalen	
SCHRITT 4	
Einzelne Subskalen	MW
1. Identifikation der eigenen Emotionen (MW der wahren Werte der Fragen 6, 16, 20*, 48, 49*)	
2. Identifikation der Emotionen anderer (MW der wahren Werte der Fragen 7, 29*, 30, 40*, 44*)	
3. Verständnis der eigenen Emotionen (MW der wahren Werte der Fragen 1*, 2*, 10, 26*, 43*)	
4. Verständnis der Emotionen anderer (MW der wahren Werte der Fragen 5*, 13, 14, 18*, 34*)	
5. Ausdruck der eigenen Emotionen (MW der wahren Werte der Fragen 8, 17, 25*, 38*, 42*)	
6. Emotionsausdruck anderer – Empathie empfinden (MW der wahren Werte der Fragen 23, 28*, 31*, 45, 46*)	
7. Regulation der eigenen Emotionen (MW der wahren Werte der Fragen 12, 15, 37*, 39, 50)	
8. Regulation der Emotionen anderer (MW der wahren Werte der Fragen 19, 27*, 33, 35, 47)	
9. Nutzen der eigenen Emotionen (MW der wahren Werte der Fragen 9*, 21, 22, 24, 41)	

26*			
27*			
28*			
29*			
30			
31*			
32			
33			
34*			
35			
36			
37*			
38*			
39			
40*			
41			
42*			
43*			
44*			
45			
46*			
47			
48			
49*			
50			

10. Nutzen der Emotionen anderer (MW der wahren Werte der Fragen 3, 4, 11, 32, 36)	
SCHRITT 5	
Globale EK (MW aller wahren Werte)	
Intrapersonale EK (MW aller Subskalen zum Umgang mit Ihren eigenen Emotionen)	
Interpersonale EK (MW aller Subskalen zum Umgang mit den Emotionen anderer)	

Wie gut ist meine emotionale Intelligenz und wo liegen meine Schwächen?

5

ERLÄUTERUNG DER EMOTIONALEN KOMPETENZEN

In diesem Kapitel liefern wir Ihnen eine detaillierte Beschreibung der einzelnen, mit dem *Profil der emotionalen Kompetenzen* erfassten Kompetenzen und veranschaulichen diese anhand von Beispielen aus dem Sport. Außerdem stellen wir Ihnen eine Einteilung der Wertebereiche bereit, die man im Fragebogen erzielen kann, mit deren Hilfe Sie sich als Anfänger, Aufsteiger, Fortgeschrittener oder Profi einordnen können. Dadurch können Sie sehen, wo Sie im Hinblick auf die entsprechende *emotionale Kompetenz* derzeit stehen und welche die nächsten Entwicklungsmöglichkeiten darstellen.

5.1 IDENTIFIKATION DER EIGENEN EMOTIONEN

Die *eigenen Gefühle* zu erkennen, bedeutet, fähig zu sein, seinen Gefühlszustand bewusst wahrzunehmen und richtig zu identifizieren [4].

Personen, die ihre Emotionen gut identifizieren können, sind dadurch auch in der Lage, diese besser zu kontrollieren, ihre Handlungen besser zu planen und so bessere Entscheidungen zu treffen. Im Alltag ist das Erkennen der eigenen Emotionen wichtig. So kann sich beispielsweise eine Mutter ihrem Kind ganz anders gegenüber verhalten und ausdrücken, wenn sie sich bewusst ist, dass sie gestresst oder wütend ist.

Auch im Sport spielt diese Kompetenz eine wichtige Rolle. So ist z. B. für Athleten bei Skiabfahrtsrennen wichtig, sich bewusst zu werden, in welchem Zustand sie sich befinden, und ob sie in diesem das Rennen bestreiten können. Gerade auf der Piste müssen Entscheidungen innerhalb von Sekunden getroffen werden, sonst kann dies fatale Fahrfehler nach sich ziehen. Beispielsweise kann es sein, dass Daniel Albrecht im Jahr 2009 die Unsicherheit vor einem 70-m-Sprung seine Konzentration so beeinträchtigt hat, dass er beim Springen in Rücklage geriet und schwer stürzte.

Anfänger
Anfänger können ihre Emotionen nicht gut erkennen und voneinander unterscheiden. Oft setzen sich Anfänger mit ihren Emotionen wenig auseinander, wodurch es leicht dazu kommen kann, dass impulsiv, unbewusst und nicht reflektiert gehandelt wird.

Aufsteiger
Als *Aufsteiger* bezeichnet man Personen, die ihre verschiedenen Emotionen wahrnehmen können, diese allerdings noch nicht richtig voneinander unterscheiden können. Dadurch kann es zu Willkürhandlungen und extremen emotionalen Verhaltensweisen kommen.

Fortgeschrittene
Fortgeschrittene nehmen ihre verschiedenen Emotionen wahr und können diese in bestimmten Situationen in ihren Grundzügen voneinander unterscheiden. Dadurch kann die Handlung aktiv gesteuert werden und impulsive Handlungen können kontrolliert werden. Dies wirkt sich auch positiv auf die Entscheidungsfindung aus.

Profi
Ein Profi kann seine Emotionen in den meisten, auch unterschiedlichen Situationen bewusst und deutlich wahrnehmen, klar voneinander unterscheiden und dadurch in der Regel seine Handlungen beeinflussen und reflektiert Entscheidungen treffen.

Tipps:
1) Wenn Sie das nächste Mal eine Tätigkeit (z. B. einen Aufschlag im Tennis) nicht hinbekommen und frustriert reagieren, können Sie sich fragen, wie Sie sich fühlen, ob Sie beispielsweise wütend oder enttäuscht sind und dadurch im nächsten Schritt eine passende Strategie entwickeln.

2) Wenn Sie merken, dass Sie Ihre Teamkameraden beschimpfen, sollten Sie sich fragen, ob Sie wirklich wütend auf diese sind oder einfach enttäuscht über den Misserfolg. Wenn

Sie dies klären und die Emotion identifizieren, können Sie das nächste Mal bewusst und eventuell anders und effektiver mit ähnlichen Situationen umgehen.

Spezifische Übungen zum Trainieren dieser Kompetenz finden Sie in der Aktivitätenübersichtstabelle (Tab. 8).

5.2 IDENTIFIKATION DER EMOTIONEN ANDERER

Das *Identifizieren von Emotionen* bedeutet, laut Brasseur et al. [4], fähig zu sein, eine Emotion bei sich oder anderen wahrzunehmen, wenn sie aufkommt und sie zu identifizieren.

Die Identifikation der Emotionen anderer äußert sich unter anderem darin, die Gefühle der Mitmenschen richtig einschätzen zu können. Man merkt beispielsweise, in welchem Zustand sich der andere gerade befindet und kann diesen konkret benennen, auch wenn er vom anderen nicht verbal geäußert wird. Eine adäquate Identifikation der Emotionen anderer hilft dabei, so auf seine Mitmenschen zuzugehen, dass sie sich nicht vor den Kopf gestoßen oder auf dem falschen Fuß erwischt fühlen, weil man ihre emotionale Lage vorher nicht richtig eingeschätzt hat.

Diese Kompetenz ist sowohl im Alltag als auch im Sport sehr wichtig. Sie dient quasi als Basis für alle weiteren Schritte. Wenn die Mutter aus dem vorherigen Beispiel also erkennt, dass ihr Kind gerade traurig ist, kann sie ihr Verhalten entsprechend anpassen und anders auf es zugehen, als wenn es gut gelaunt aus der Schule kommt. Im Sport ist es ähnlich. So war z. B. das Identifizieren der Emotionen für den Tennisspieler Novak Djokovic im Finale der Australian Open 2012, einem der fünf größten jährlichen Tennisturniere, von großer Bedeutung. Durch das Erkennen der zunehmenden emotionalen Schwäche seines Gegners Rafael Nadal konnte er diese in einem nächsten Schritt für sich nutzen und ihn letztendlich im fünften Satz nach fast sechs Stunden besiegen.

Anfänger
Ein Anfänger kann die Emotionen anderer nicht oder nicht gut erkennen und voneinander unterscheiden. Oft wird sich dann mit diesen auch nicht auseinandergesetzt, wodurch es schnell dazu kommen kann, dass impulsiv und nicht reflektiert gehandelt wird.

Aufsteiger
Als *Aufsteiger* bezeichnet man Personen, die die verschiedenen Emotionen anderer wahrnehmen können, diese allerdings nicht richtig voneinander unterscheiden können.

Dadurch kann es zu Willkürhandlungen und emotionalen Extremausprägungen kommen.

Fortgeschrittene
Fortgeschrittene können die verschiedenen Emotionen wahrnehmen und in bestimmten Situationen in ihren Grundzügen unterscheiden. Dadurch kann die Handlung aktiv gesteuert werden und impulsive Handlungen können kontrolliert werden. Dies wirkt sich positiv auf die Entscheidungsfindung aus.

Profi
Ein Profi in diesem Bereich achtet sehr auf sein Umfeld und kann die Emotionen anderer in verschiedenen Situationen sicher erkennen und korrekt identifizieren, auch wenn diese vom anderen nicht verbalisiert werden oder sehr offensichtlich sind. Dadurch ist ein Profi in der Lage, sein Verhalten entsprechend anzupassen und kann reflektierte Entscheidungen treffen.

Tipps:
1) Wenn es das nächste Mal in Ihrem Team zu einer kritischen Situation kommt oder ein dauerhafter Streitpunkt aufkommt, nehmen Sie sich Zeit, um die Situation zu analysieren und die Emotionen der involvierten Personen zu identifizieren. Vielleicht hilft Ihnen dies, Ihr eigenes Verhalten effektiver zu gestalten.

2) Wenn Sie merken, dass sich Ihr Teamkollege vor dem nächsten Wettkampf unwohl fühlt, können Sie versuchen, zu analysieren, was Ihr Partner empfindet (Nervosität, Angst vor etwas Bestimmtem …) und entsprechend entscheiden, wie Sie sich in der Situation verhalten wollen (z. B. mit ihm sprechen oder ihn in Ruhe lassen, versuchen, das Gefühl zu beeinflussen etc.).

Spezifische Übungen zum Trainieren dieser Kompetenz finden Sie in der Aktivitätenübersichtstabelle (Tab. 8).

5.3 VERSTÄNDNIS DER EIGENEN EMOTIONEN

Das *Verständnis von Emotionen* bezieht sich darauf, die Ursachen und Konsequenzen von Emotionen nachzuvollziehen, das bedeutet, zwischen auslösenden Faktoren und Folgen daraus unterscheiden zu können [4]. Je besser jemand in dieser Kompetenz ist, desto klarer kann derjenige nachvollziehen, was wann, wie und warum die entsprechende

Emotion ausgelöst hat und wie sich das eigene emotionale Erleben auf die eigenen Gedanken und das Verhalten ausgewirkt hat. Gegebenenfalls kann die Person die Ursachen dann so beeinflussen und aufarbeiten, dass eine Emotion wieder oder auch nicht wieder auftritt.

Sportler mit einer hohen *emotionalen Intelligenz* können auch während des Wettkampfs genau erkennen, dass Sie z. B. wütend werden, weil Sie wiederholt gefoult wurden. So können Sie den Einfluss der spezifischen Situation besser einordnen und schaffen es besser, Ihr eigenes Verhalten entsprechend auszurichten, etwa gelassen zu bleiben. Auch im Alltagsleben kann dies besonders hilfreich sein, um bei unangenehmen Situationen angemessener zu reagieren.

Anfänger
Da sich ein Anfänger seiner Emotionen nur zu einem begrenzten Maß bewusst ist und kaum darüber nachdenkt, reflektiert er in den seltensten Fällen, wie seine Emotionen zustande kommen und wie sie sich auf sein Erleben, sein Verhalten und seine Mitmenschen auswirken. Ihm ist nicht bewusst, was die Emotion ausgelöst hat, daher hat er es schwer, die Emotion zu regulieren und sein Verhalten anzupassen.

Aufsteiger
Aufsteiger können die Auslöser eigener Emotionen erkennen, können jedoch nur in bestimmten Situationen die Ursache verstehen oder nachvollziehen, sodass sie oft nicht verstehen, warum sie sich auf eine bestimmte, emotionale Art und Weise verhalten haben.

Fortgeschrittener
Ein Fortgeschrittener kann die meisten Emotionen verstehen und weiß in den meisten Situationen, wodurch diese ausgelöst werden. Es fällt ihm leicht, Verknüpfungen zwischen Aktion und Emotion zu erstellen und er hat dadurch gute Voraussetzungen für eine entsprechende Regulation.

Profi
Ein Profi im Verständnis eigener Emotionen versteht nahezu alle Emotionen und kann immer ziemlich genau sagen, was die Emotion in einer bestimmten Situation ausgelöst hat. Außerdem ist er sich vieler zugrunde liegender Ursachen für seine Emotionen bewusst. So kann er ideal die Regulation der Emotionen vorbereiten, weil er genau weiß, wo er etwas ändern muss, um die entsprechende Emotion zu ändern.

Tipps:

1) Wenn Sie das nächste Mal in einem Wettkampf wütend werden oder eine andere ungewollte Emotion verspüren, überlegen Sie sich, wo diese Emotion herrührt. Dabei hilft es, zeitlich zurückzuschauen und Situationen durchzugehen, die vor der Wut aufgetreten sind. Dies gilt natürlich auch für alle anderen erlebten Emotionen.

2) Es kann zusätzlich hilfreich sein, die Situation mit etwas Abstand noch einmal zu betrachten, um Zusammenhänge besser verknüpfen zu können, und genau herauszufinden, woher die Emotion kam, wie sich beispielsweise (frühere) Vorbilder in einer ähnlichen Situation verhalten haben.

Spezifische Übungen zum Trainieren dieser Kompetenz finden Sie in der Aktivitätenübersichtstabelle (Tab. 8).

5.4 VERSTÄNDNIS DER EMOTIONEN ANDERER

Das Verständnis der *Emotionen anderer* bedeutet, fähig zu sein, die Ursachen und Konsequenzen von emotionalem Verhalten zu verstehen und nachvollziehen zu können [4].

Personen mit hoher Ausprägung in dieser Kompetenz können zwischen auslösenden Faktoren und Ursachen für das emotionale Erleben anderer Personen unterscheiden und diese erkennen. Im Alltag führt auch das Verständnis der Emotionen anderer häufig zu mehr Vertrauen und zu einer besseren Kommunikation. Versteht die beste Freundin beispielsweise, wieso die Trennung vom Freund einen traurig macht, so kann diese sich einfühlsamer verhalten und entsprechend auf die Freundin eingehen.

Im Teamsport führt dies ebenfalls zu einer besseren Kommunikation und einem erhöhten Vertrauen zueinander. Wenn man als Teil eines Teams versteht, warum jemand in bestimmten Situationen z. B. traurig oder wütend wird, gelingt es besser, seinen Teamkollegen in der entsprechenden Situation zu unterstützen. Bemerkt oder versteht man den Zusammenhang von Emotionen der Teamkollegen in bestimmten Situationen und die zugrunde liegenden Ursachen nicht, kann es sogar sein, dass man leistungshinderliche Emotionen zusätzlich fördert. Daher sollte man sich im Team auch mit den Emotionen der anderen auseinandersetzen.

Anfänger
Anfänger können die Ursache der Emotionen anderer nicht erkennen oder verstehen und auch die Konsequenzen emotionalen Verhaltens schlecht nachvollziehen. Man kann nicht zwischen Ursachen und auslösenden Faktoren unterscheiden, was sich oft auch in einem Unverständnis im zwischenmenschlichen Bereich ausdrückt.

Aufsteiger
Aufsteiger können die Auslöser für die Emotion anderer erkennen, können die Ursache jedoch nur in bestimmten Situationen verstehen oder nachvollziehen, sodass oft Probleme im Verständnis emotionaler Handlungen des anderen bestehen.

Fortgeschrittener
Fortgeschrittene können den Auslöser und die Ursache für die Emotionen anderer in den meisten Situationen verstehen und auch zwischen Auslösern und Ursachen unterscheiden. Es fällt ihnen leicht, bei anderen den Zusammenhang zwischen ihrem Verhalten und Emotionen herzustellen, wodurch sie in der Lage sind, ihr eigenes Verhalten auszurichten und anzupassen.

Profi
Als Profi im Verstehen der Emotionen anderer kann man immer gut zwischen dem Auslöser und der Ursache für emotionales Verhalten unterscheiden. Emotionale Handlungsweisen anderer können weitestgehend nachvollzogen werden.

Tipps:
1) Um die andere Person besser zu verstehen, versuchen Sie doch einmal, die gesamte Situation aus seiner Perspektive zu sehen. Nutzen Sie dazu alle Informationen, die Ihnen zur Verfügung stehen. Hierbei kann es wichtig sein, die Entstehung der Situation bis zu diesem Punkt oder die Beziehung zwischen Ihnen und der anderen Person zu berücksichtigen.

2) Bevor Sie das Verhalten eines Teamkollegen bewerten, können Sie sich zunächst fragen, warum er womöglich so gehandelt hat.

3) Bevor Sie im Individualsport zur nächsten Handlung übergehen, können Sie sich fragen, wieso Ihr Gegner so gehandelt hat, und dementsprechend Ihre Strategie wählen oder anpassen.

4) Beim nächsten Gespräch mit dem Schüler kann sich ein Lehrer fragen, wieso der Schüler sich z. B. Klassenkameraden gegenüber aggressiv verhalten hat.

Spezifische Übungen zum Trainieren dieser Kompetenz finden Sie in der Aktivitätenübersichtstabelle (Tab. 8).

5.5 AUSDRUCK DER EIGENEN EMOTIONEN

Diese Kompetenz befasst sich damit, wie gut Sie darin sind, *Ihre inneren Zustände und Emotionen nach außen* zu zeigen und diese in einer sozial akzeptierten Art ausdrücken zu können. Dies können wir auf viele verschiedene Arten tun: z. B. durch Gesichtsausdrücke, durch Körpersprache oder durch Wort und Schrift. Neben der Körpersprache sind ein umfangreiches Vokabular, insbesondere gefühlsbezogene Wörter, sowie der adäquate Umgang mit der eigenen Stimme ausgesprochen hilfreich, die eigenen Emotionen effektiv vermitteln zu können.

Von Nutzen ist diese Kompetenz im Alltag, um seinen Mitmenschen die aktuelle Situation und Gefühlslage verständlich zu vermitteln. Dies kann auch helfen, um eine gute Gesprächsbasis herzustellen, bei der die emotionalen Gegebenheiten klar sind und somit falsche Interpretationen oder Missverständnisse vermieden werden können. Auch im Sport ist dies sehr wichtig. So hat der ehemalige Mannschaftskapitän der deutschen Nationalmannschaft, Bastian Schweinsteiger, am 31.08.2016 bei seinem letzten Länderspiel gegen Finnland eine emotionale Rede gehalten, bei der ihm anschließend auch die Tränen liefen. Dadurch, dass er seine Emotionen der Außenwelt zugänglich gemacht hat, konnte man genau nachvollziehen, wie er sich in diesem Moment fühlte.

Anfänger
Ein Anfänger kann seine Emotionen nur schlecht zeigen und im Ausdruck kontrollieren. Für andere sind diese nicht klar identifizierbar, wodurch es oft zu Missverständnissen kommt. Auch das Reden über Gefühle fällt ihm schwer, da es ihm an den nötigen Mitteln fehlt.

Aufsteiger
Ein Aufsteiger kann sich schon besser ausdrücken, wenn es um die Offenlegung seiner Gefühle geht, allerdings fehlt es an geeigneter Integration nonverbalen und verbalen Verhaltens.

Fortgeschrittener
Ein Fortgeschrittener weiß, wie er seinen momentanen inneren Zustand zum Ausdruck bringen kann, scheitert aber manchmal noch daran, den für den Kontext geeigneten Weg oder das passende Mittel zum Ausdruck zu wählen.

Profi

Ein Profi in dieser Kompetenz weiß seine Emotionen, sowohl verbal als auch nonverbal, dem Kontext angemessen, auszudrücken, um seinen aktuellen Gefühlszustand zu vermitteln und somit eventuellen Missverständnissen aus dem Weg zu gehen. Dies schafft er, indem er seine Gestik, Mimik und Tonfall entsprechend wählt und sein Erlebnis gekonnt in Worte fasst. Er verfügt demnach über alle nötigen Mittel und kann diese situationsabhängig anwenden.

Tipps:

1) Wenn es in Ihrem Team zu einer Besprechung kommt, fokussieren Sie sich darauf, gezielt auszudrücken, was Sie denken und fühlen, um eine gute Gesprächsbasis zu liefern und auch von Ihren Teamkameraden das nötige Verständnis zu erlangen.

2) Wenn Sie das nächste Mal für sich einen kleinen Erfolg im Wettkampf oder im Training erzielen (sei es ein Ass im Tennis oder die kleinste Verbesserung im Sprint), zeigen Sie Ihre Freude offen. Dies bringt nicht nur Sie selbst voran, sondern signalisiert auch Ihren Mitstreitern Stärke.

Spezifische Übungen zum Trainieren dieser Kompetenz finden Sie in der Aktivitätenübersichtstabelle (Tab. 8).

5.6 EMOTIONSAUSDRUCK ANDERER – EMPATHIEEMPFINDEN

Die *Emotionen empathisch* wahrzunehmen, die von anderen ausgedrückt werden, ist sehr wichtig, weil sie uns Zugang zur Innenwelt unseres Gegenübers verschaffen. Dabei geht es darum, basierend auf verschiedenen verbalen Äußerungen und nonverbalen Signalen, zu erkennen, was andere in einer bestimmten Situation fühlen. Die Körpersprache und die Mimik des Gegenübers spielen dabei eine besonders wichtige Rolle, da der Großteil unserer Kommunikation nonverbal stattfindet. Folglich ist es häufig möglich, den emotionalen Zustand eines Menschen einzuschätzen, ohne dass dieser auch nur ein Wort sagen muss.

Das richtige Erkennen des emotionalen Ausdrucks anderer Menschen kann daher als grundlegende Voraussetzung für Empathie gesehen werden, der Fähigkeit, uns in andere Personen hineinzuversetzen und ihre Emotionen nachzuempfinden. Im Alltag ist das richtige Wahrnehmen des Ausdrucks von Emotionen besonders wichtig, um sich in die Lage seiner Mitmenschen zu versetzen und somit gezielt Maßnahmen zum guten Zusammenleben ergreifen zu können.

Empathie zeigen zu können, spielt allerdings auch im sportlichen Kontext eine große Rolle. Oliver Kahn, ehemaliger Torwart des FC Bayern München, gewann 2001 den Fair Play Award, weil er nach dem gewonnenen Champions-League-Endspiel gegen Valencia zum Torwart der Verlierermannschaft ging und ihn tröstete. Er konnte sich nach eigenen Aussagen gut in seine Lage versetzen, weil er zwei Jahre zuvor in der gleichen Situation gesteckt hatte. Dieses faire Verhalten war Oliver Kahn nur möglich, weil er den Ausdruck der Emotionen richtig einordnen und aufgrund seiner eigenen Erfahrung nachempfinden konnte.

Anfänger
Ein Anfänger kann aus der bloßen Beobachtung nicht erkennen, welche Emotion der andere ausdrückt und wie er sich gerade fühlt. Er kann sich nicht in die Lage der anderen Person versetzen und ihre Emotionen nachempfinden. Einem Anfänger bleibt anhand der bloßen Beobachtung verborgen, welche Emotion die andere Person ausdrückt und wie sie sich gerade fühlt. Es ist ihm weder rein kognitiv noch emotional möglich, die Emotionen der anderen Person einzuschätzen. Daher kann er sich unter Umständen nicht angemessen verhalten.

Aufsteiger
Ein Aufsteiger schafft es in einigen Situationen, zu erkennen, was die andere Person in diesem Moment ausdrückt und fühlt. In diesen Situationen kann er so die Handlung des Gegenübers sowohl besser verstehen als auch eventuell antizipieren.

Fortgeschrittener
Ein Fortgeschrittener schafft es meistens, zu erkennen, welche Emotion der andere ausdrückt, wie er sich fühlt und zeigt Empathie. Dies hilft ihm dabei, manche Handlungen des Gegenspielers vorherzusagen, da er ein tieferes Verständnis zeigt.

Profi
Bei einem Profi kann man davon ausgehen, dass er die Emotionen anderer gut erkennen und sich in ihre Gefühlslage hineinversetzen kann. Er ist so empathisch, dass er gewisse Handlungen, die auf der Gefühlslage basieren, vorhersagen kann.

Tipps:
1) Achten Sie einmal besonders auf Ihre Teamkollegen: Drücken sie Frustration, Freude oder Ärger aus? Versuchen Sie, in Worten zu beschreiben, was Sie beobachten und besprechen Sie Ihren Eindruck nach dem Training mit ihnen. Dies wird Ihnen helfen, Ihre eigene Wahrnehmung für den Emotionsausdruck anderer zu schärfen.

2) Achten Sie einmal besonders auf die emotionalen Reaktionen Ihres Gegners: Versuchen Sie, genau zu identifizieren, wie er sich fühlt, indem Sie seine Gesichtsausdrücke und nonverbalen Signale analysieren. Dies ist der einzige Zugang, den man von außen zur inneren Welt des Gegenspielers hat und Sie können ihn nutzen, um zukünftiges Verhalten vorherzusagen.

Spezifische Übungen zum Trainieren dieser Kompetenz finden Sie in der Aktivitätenübersichtstabelle (Tab. 8).

5.7 REGULATION DER EIGENEN EMOTIONEN

Unter *Regulation der eigenen Emotionen* versteht man die Fähigkeit, Stress oder Emotionen kontrollieren zu können [4].

Personen mit hoher Ausprägung in dieser Kompetenz sind in der Lage, ihre Gefühle in der Situation zu kontrollieren und sich durch impulsives, in der Situation unangebrachtes Verhalten nicht übermannen zu lassen. Sie übernehmen Verantwortung für die eigenen Gedanken, Emotionen und Handlungen. Im Alltag ist diese Kompetenz notwendig. So kann ein Schüler lernen, seine Angst vor dem Referat so weit zu regulieren, dass er sich nicht krankschreiben lässt, sondern das Referat trotzdem halten und seine bestmögliche Leistung abrufen kann.

Besonders im Sport ist dies von großer Bedeutung. So hat sich Javier Pinola 2010 nach der Niederlage des 1. FC Nürnberg gegen den FC Bayern München nicht mehr beherrschen können und Bastian Schweinsteiger bespuckt. Mit einer angemessenen Regulationsstrategie der Emotionen wäre dies vermutlich nicht so leicht passiert.

Anfänger
Anfänger können ihre Gedanken, Handlungen und Emotionen nicht regulieren und übernehmen für diese auch wenig Verantwortung. Sie lassen sich durch ihre Emotionen zu unangemessenen Handlungen in bestimmten Situationen verleiten und rechtfertigen ihr Verhalten, indem sie anderen die Schuld zuweisen.

Aufsteiger
Aufsteiger können für ihre Emotionen, Gedanken und daraus resultierenden Handlungen die Verantwortung übernehmen, diese allerdings noch nicht aktiv regulieren und kontrollieren. So kommt es noch in vielen Situationen zu unangemessenen und impulsiven Verhaltensweisen.

Fortgeschrittener

Fortgeschrittene können für ihre Emotionen, Gedanken und Handlungen die Verantwortung übernehmen und diese in bestimmten Situationen aktiv regulieren und kontrollieren. Sie lassen sich in einigen Situationen zu impulsiven Handlungen verleiten.

Profi

Profis übernehmen für ihre Emotionen, Gedanken und Handlungen Verantwortung und kontrollieren und beeinflussen diese aktiv in den meisten Situationen. Sie lassen sich sehr selten zu impulsiven Handlungen verleiten.

Tipps:

1) Bevor Sie Ihren Teamkollegen verbal angreifen, regulieren Sie Ihre Emotionen und vermitteln Sie ihm die Kritik ruhig und gut verständlich, damit daraus ein konstruktiver Ansatz für zukünftige Handlungen werden kann. Gehen Sie dafür ggf. für wenige Minuten irgendwohin, wo Sie ungestört sind, reagieren Sie sich durch ein paar Liegestütze ab und fragen Sie sich, ob Ihnen die Situation rückblickend auch in fünf Jahren noch dramatisch erscheint.

2) Wenn Sie im Individualsport einen Fehler gemacht haben, atmen Sie tief durch, akzeptieren ihn und lassen sich Ihre negativen Emotionen nicht anmerken. Das signalisiert dem Gegner, dass Sie weiter stark bleiben und sich nicht aus der Fassung bringen lassen.

3) Wenn man das nächste Mal in Gefahr gerät, impulsiv und unüberlegt zu handeln, sagt man sich innerlich erst einmal: „Stopp!", zählt bis 10 und atmet tief durch, bevor man redet und handelt.

4) Hören Sie sich Musik an, die Sie in einen leistungsförderlichen emotionalen Zustand bringt.

Spezifische Übungen zum Trainieren dieser Kompetenz finden Sie in der Aktivitätenübersichtstabelle (Tab. 8).

5.8 REGULATION DER EMOTIONEN ANDERER

Unter dieser Kompetenz versteht man die Fähigkeit, die *Emotionen anderer kontrollieren* zu können, vor allem, wenn sie in dem jeweiligen Kontext unpassend sind. Personen mit hoher Ausprägung in dieser Kompetenz sind in der Lage, die Gefühle anderer in der Situation zu beeinflussen und sie dadurch von impulsivem, in der Situation unangebrachtem Handeln abbringen zu können.

Im Alltag kann dies beispielsweise vor der Teambesprechung mit dem Chef von großem Nutzen sein, wenn man einen wütenden Kollegen davon abhalten möchte, sich im Ton zu vergreifen, indem man ihn beruhigt. Im Sport kann man beispielsweise in der Rolle des Trainers versuchen, die Emotionen seines Teams nach einer Fehlentscheidung zu regulieren, damit sich diese nicht in negativen Gedanken verlieren oder sich gegenseitig die Schuld geben.

Anfänger
Ein Anfänger kann die Gedanken, Handlungen und Emotionen anderer nicht kontrollieren. Er kann nicht verhindern, dass Personen in seinem Umfeld sich in bestimmten Situationen impulsiv zu unangemessenen Handlungen verleiten lassen. Im schlimmsten Fall ist er sich gar nicht dessen bewusst, dass er die Emotionen anderer beeinflussen kann.

Aufsteiger
Aufsteiger können zwar sehen, dass sie in der Position wären, den anderen zu beruhigen, können ihre Emotionen allerdings noch nicht aktiv regulieren und kontrollieren.

Fortgeschrittener
Fortgeschrittene haben bereits gelernt, in spezifischen Situationen aktiv die Emotionen anderer regulieren und kontrollieren zu können. Dadurch lassen sich ihre Mitmenschen weniger häufig zu impulsiven Handlungen verleiten.

Profis
Profis können fast immer erkennen, wie sie auf die Emotionen ihrer Mitmenschen in verschiedensten Situationen eingehen und diese regulieren können.

Tipps:
1) Wenn Ihr Mannschaftskamerad sich das nächste Mal über einen Fehler beschwert, beruhigen Sie ihn durch gezielte Emotionsregulation, damit er sich nicht in negativen Gedanken verliert und sich später wieder neu konzentrieren kann.

2) Im Individualsport können Sie versuchen, die Reaktion Ihres Trainers oder die der Zuschauer auf Ihrer Seite zu regulieren, wenn diese sich aufregen sollten, sodass dem Gegner keine Schwäche gezeigt wird. So können Sie sich voll auf Ihr Spiel konzentrieren, ohne Gefahr zu laufen, von der schlechten Stimmung angesteckt zu werden.

Spezifische Übungen zum Trainieren dieser Kompetenz finden Sie in der Aktivitätenübersichtstabelle (Tab. 8).

5.9 NUTZEN DER EIGENEN EMOTIONEN

In der Kompetenz *Nutzen der eigenen Emotionen* wird zusammengefasst, inwieweit man die aufkommenden Emotionen für die eigene Leistung oder das eigene Wohlbefinden nutzen kann. Dabei geht es nicht darum, wie die Emotion auf den ersten Blick wirkt, gut oder schlecht, sondern darum, wie man sie interpretiert und verwendet.

Das Nutzen der eigenen Emotionen spielt in den meisten Comebackgeschichten eine große Rolle. Die zurückliegende Mannschaft oder Spieler ist in der Lage, aus dem Druck und den generell negativ angesehenen Emotionen Energie zu ziehen, um den Sieg noch zu erreichen. Ronaldo Luís Nazário de Lima, brasilianischer Fußballspieler, Champions-League-Sieger und Weltmeister, hatte sich 1999 eine Innenbandverletzung zugezogen, wodurch er gut 17 Monate pausieren musste. Daraufhin folgten fünf sehr erfolgreiche Spieljahre. Dies konnte er teilweise auch durch die gezielte Nutzung seiner Emotionen erreichen, welche ihn zum Leistungsoptimum befähigten.

Anfänger
Ein Anfänger im Nutzen eigener Emotionen kann wenig mit den aufkommenden Emotionen anfangen und kann die Vor- und Nachteile der unterschiedlichen Emotionen nicht zu seinen Gunsten nutzen. Dadurch kann es passieren, dass die Emotionen die Leistung verringern.

Aufsteiger
Ein Aufsteiger dieser Kategorie kann bei einigen Emotionen vorhersagen, welchen Effekt diese auf sein körperliches und geistiges, psychologisches Befinden haben werden und kann diese entsprechend zu seinen Gunsten nutzen.

Fortgeschrittener
Ein Fortgeschrittener nutzt mehr Emotionen zu seinem Vorteil als der Aufsteiger und weiß auch, wie er diese zu seinen Gunsten verwenden kann. Er weiß bei vielen Emotionen und in verschiedenen Situationen, wie er die Vorteile nutzen kann.

Profi

Ein Profi weiß in fast allen Situationen, wie er aus seinem eigenen emotionalen Erleben Vorteile ziehen kann. Sollte er im ersten Moment negativ auf ein Ereignis reagieren, gelingt es ihm, wieder Kontrolle über sich und die Situation zu gewinnen.

Tipps:

1) Wenn Ihr Mannschaftskamerad sich das nächste Mal über einen Fehler beschwert, beruhigen Sie ihn durch gezielte Emotionsregulation und zeigen Sie ihm, dass dieser Fehler eine neue Chance sein kann.

2) Sehen Sie immer das Positive an Ihrer erlebten Emotion, auch wenn diese zunächst negativ erscheinen mag. Denken Sie daran, keine Emotion ist gut oder schlecht per se, sondern es geht darum, wie Sie diese für Ihre Ziele nutzen. Ihr Herz rast vor einem Wettkampf? Das ist gut so, denn es zeigt an, dass etwas Wichtiges, Besonderes bevorsteht und Ihr Herz pumpt, um Ihren Körper und Geist mit der notwendigen Energie zu versorgen. Sie werden sauer, weil Sie einen Fehler gemacht haben? Nutzen Sie diese Energie, um bei der nächsten Handlung mehr Kraft entfalten zu können.

Spezifische Übungen zum Trainieren dieser Kompetenz finden Sie in der Aktivitätenübersichtstabelle (Tab. 8).

5.10 NUTZEN DER EMOTIONEN ANDERER

Das *Nutzen von Emotionen anderer* bezieht sich darauf, die passenden Emotionen bei anderen hervorzurufen, um ein gewolltes Ergebnis auf möglichst effektive Art und Weise zu erzielen [4].

Personen mit einer hohen Ausprägung in dieser Kompetenz können das emotionale Handeln anderer reflektiert betrachten und somit die emotionale Lage anderer so weit beeinflussen, dass sie die bestmögliche Leistung erzielen. Ein Lehrer kann seine Schüler beispielsweise durch seinen eigenen Enthusiasmus für ein bestimmtes Thema begeistern, mitreißen und somit die optimalen Lernvoraussetzungen schaffen.

Für den sportlichen Kontext kann man auch an dieser Stelle nochmals das Beispiel von Zidane und Materazzi aufgreifen. In der 110. Minute des Endspiels der WM 2006 in Deutschland provozierte Materazzi Zidane so sehr, dass dieser ihn mit dem Kopf vor die Brust stieß und somit mit einer Roten Karte vom Platz gestellt wurde. Auch wenn es generell moralisch umstritten und alles andere als fair ist, war Materazzi doch in der Lage, die Emotionen seines Gegenübers gut zu nutzen und sich und seinem Team dadurch womöglich einen entscheidenden Vorteil zu verschaffen. Der Italiener wurde zwar berechtigterweise vom FIFA-Gericht für längere Zeit gesperrt, Weltmeister ist er aber trotzdem geworden.

Anfänger
Einem Anfänger gelingt es nicht, die Emotionen der anderen zu erkennen, zu unterscheiden oder diese passend zu modifizieren. Ebenso wenig weiß er, welche Emotion mit welchen Konsequenzen in Verbindung steht. Die Emotionen der anderen können nicht richtig eingeordnet werden.

Aufsteiger
Einem Aufsteiger gelingt es zwar, die Emotionen der anderen zu erkennen, er kann diese aber nicht passend modifizieren. Er weiß bei manchen Emotionen, zu welchem Verhalten sie führen könnten. Die Emotionen der anderen können daher eingeordnet, aber nicht genutzt werden.

Fortgeschrittener
Fortgeschrittene wissen, welche Emotionen zu einer guten Leistung führen und können diese bei anderen erkennen und identifizieren. Sie können die Emotionen der anderen in bestimmten Situationen beeinflussen, die somit zu angemessenerem Verhalten führen. Die Emotionen der anderen können daher eingeordnet und in bestimmten Situationen genutzt werden.

Profi
Als Profi kann man die Emotionen anderer erkennen und weiß, welche Emotionen bei unterschiedlichen Personen zu einer guten Leistung führen. Sie können die Emotionen der anderen in den meisten Situationen beeinflussen, die somit zum gewünschten Verhalten führen. Die Emotionen der anderen können daher eingeordnet und meistens zum Vorteil des Profis/des Teams genutzt werden.

Tipps:
1) In der nächsten Drucksituation können Sie durch Ihre eigenen positiven Emotionen Ihr Team dahin gehend beeinflussen und motivieren, dass Sie die Situation zusammen angehen und meistern können.

2) Überlegen Sie sich vor Ihrer nächsten strategischen Entscheidung im Individualsport, welche Emotionen für das Erreichen des Ziels günstig und welche eher ungünstig sind.

Außerdem können Sie sich fragen, wie Sie verschiedene Emotionen Ihres Gegners optimal nutzen können.

Spezifische Übungen zum Trainieren dieser Kompetenz finden Sie in der Aktivitätenübersichtstabelle (Tab. 8).

Erläuterung der emotionalen Kompetenzen

6

AKTIVITÄTEN ZUM TRAINING *EMOTIONALER INTELLIGENZ*

Um dem Ziel des Buches, das emotionale Bewusstsein von Personen, die Sport treiben oder im Sport tätig sind, zu schulen, einen Schritt näherzukommen, stellen wir im Folgenden einen Katalog von Aktivitäten vor. Die verschiedenen Aktivitäten sollen dabei helfen, *emotionale Intelligenz* in Rahmen von und durch Sportbeteiligung zu entwickeln und zu fördern. Konkret werden Aktivitäten aufgezeigt, die das eigene emotionale Erleben sensibilisieren und verbessern können. Außerdem können die Aktivitäten helfen, den Einfluss von Emotionen im Sport zu erkennen sowie einen hilfreichen Umgang mit Emotionen zu erlernen.

Obwohl mit den vorgestellten Aktivitäten zum Teil mehrere emotionale Kompetenzen gefördert werden, wurde für jede Aktivität definiert, welche emotionale Kompetenz schwerpunktmäßig gefördert wird, für welche Gruppengröße und für welches Alter sie geeignet ist und wie die Aktivität abläuft. Die Aktivitätenübersichtstabelle (Tab. 8) gibt einen Überblick über die im Folgenden detailliert beschriebenen Aktivitäten.

Bevor die verschiedenen Aktivitäten und möglichen Variationen detailliert beschrieben werden, sollen einige allgemeine Punkte herausgestellt werden: Für die meisten Aktivitäten ist es vorteilhaft, sich vorher ein Bild der zu trainierenden Teilnehmer oder der Gruppen, bezogen auf ihre Vorkenntnisse, zu machen. Zum Beispiel kann hierzu vorher eine gezielte Abfrage, z. B. durch Verwendung des *Emotionalen-Kompetenzen-Fragebogens* (Kap. 4) durchgeführt werden.

Außerdem kann es sinnvoll sein, im Sinne einer Psychoedukation grundlegende, theoretische Informationen über Emotionen zu vermitteln. *Psychoedukation* steht für das Vermitteln von psychologisch fundiertem Wissen, in diesem Fall von Emotionen und *emotionaler Intelligenz*, das notwendig sein oder helfen kann, um psychologisch orientierte Aktivitäten besser zu verstehen und damit positive Effekte zu unterstützen.

Die Wissensvermittlung bezüglich Emotionen und *emotionaler Intelligenz* kann, abhängig vom Alter und von der Vorerfahrung der Personen, in unterschiedlichem Ausmaß spielerisch erfolgen. Bei Kindern und Jugendlichen sollte die Vermittlung spielerisch und unter Verwendung konkreter Beispiele aus der Lebenswelt der Kinder und Jugendlichen erfolgen.

Bei der Förderung der *emotionalen Intelligenz* kann das in Kap. 2 vorgestellte dreiteilige Modell der *emotionalen Intelligenz* hilfreich sein, welches zwischen *Wissensniveau*, *Fähigkeitsniveau*, und *Eigenschaftsniveau* unterscheidet. Dieses Modell dient als Orientierungshilfe, um die richtigen Meilensteine zu setzen und die verschiedenen Schritte erfolgreich durchzuführen, damit Sie von der Basis des Wissens über den Erwerb von Fähigkeiten zur Verfestigung von Eigenschaften im Umgang mit Emotionen gelangen können.

Die vorgestellten Aktivitäten sind durch die folgenden Fragen strukturiert:

A. Welche Kompetenzen *emotionaler Intelligenz* werden mit dieser Aktivität vorwiegend trainiert?

B. Wie alt sollten Personen typischerweise sein, mit denen diese Aktivität durchgeführt wird?

C. Mit wie vielen Personen kann diese Aktivität durchgeführt werden?

D. Welches Material wird benötigt?

E. Wie läuft diese Aktivität ab?

F. Was ist das primäre Ziel dieser Aktivität?

G. Wann wurde diese Aktivität erfolgreich absolviert?

Bei einigen ausgewählten Aktivitäten werden zusätzlich Hintergrundinformationen beschrieben, die beispielsweise die wissenschaftliche Fundierung der Aktivität erläutern oder weitere Variationsmöglichkeiten der Aktivitäten anbieten.

Emotionale Intelligenz im Sport

6.1 AKTIVITÄT „EMOTIONSBÄLLE"

Welche emotionalen Kompetenzen werden mit dieser Aktivität trainiert? Identifikation der eigenen Emotionen und der Emotionen anderer.

Wie alt sollten Personen sein, mit denen diese Aktivität durchgeführt wird? > 6

Mit wie vielen Personen kann diese Aktivität durchgeführt werden? > 4

Welches Material wird benötigt? Für vier Personen sind 16 Bälle erforderlich (z. B. Tennisbälle). Vor Beginn werden die Spieler die Emotionen als Emoticons mit Marker auf die Bälle malen; dabei soll die Anzahl der positiven und negativen Emotionen gleich sein.

Wie läuft diese Aktivität ab? Bei der Aktivität „Emotionsbälle" sind Koordination und Kommunikation gefragt. Die Aufgabe besteht darin, Emotionsbälle, auf die emotionale Gesichtsausdrücke gemalt sind, der richtigen Emotion zuzuordnen. Dazu stellt sich die Gruppe im Kreis auf und jeder erhält einen Ball. Diese werden reihum zum Nachbarn geworfen. Nach und nach kommen mehr Bälle dazu, sodass nach einiger Zeit jeder zwei Bälle gleichzeitig hat. Die Aufgabe besteht darin, dass Bälle mit positiven Emotionen nur mit der rechten Hand geworfen und gefangen werden dürfen, Bälle mit negativen Emotionen wiederum nur mit der linken Hand geworfen und gefangen werden dürfen.

Abb. 7: Die Teilnehmer stehen sich im Kreis gegenüber und werfen sich die Bälle mit den verschiedenen Emotionen gegenseitig zu.

Insgesamt hat man drei Leben. Wer einen Fehler macht, verliert ein Leben und nach Verlust des letzten Lebens scheidet man für diese Runde aus und muss bestimmte Aufgaben durchführen (z. B. Runden laufen, Seilspringen), bis die Runde fertig ist.

Was ist das Ziel dieser Aktivität? Ziel ist es, dass die Emotionen auf den Bällen erkannt werden. Außerdem müssen sie positiven und negativen Emotionen zugeordnet werden.

Wann wurde diese Aktivität erfolgreich absolviert? Die Aktivität ist dann erfolgreich, wenn die Emotionen richtig erkannt und infolgedessen der richtige Emotionsball mit der richtigen Hand gefangen wird.

Welche Variationsmöglichkeiten dieser Aktivität gibt es?

Die Hand, welche entweder mit der positiven oder negativen Emotion benutzt wurde, kann nach einem bestimmten Zeitraum gewechselt werden, sodass beispielsweise die positiven Emotionsbälle mit der linken und negative Emotionsbälle mit der rechten Hand geworfen werden müssen.

Abb. 8: Für die Aktivität „Emotionsbälle" müssen zunächst die Emotionen als Emoticons auf die Bälle gemalt werden. Dies kann beispielsweise als Team-Bastelaktion realisiert werden.

6.1.1 VARIATION: „EMOTIONSSTAFFEL"

Welche emotionalen Kompetenzen werden mit dieser Aktivität trainiert? Identifikation der Emotionen anderer.

Wie alt sollten Personen sein, mit denen diese Aktivität durchgeführt wird? > 6

Mit wie vielen Personen kann diese Aktivität durchgeführt werden? > 4

Welches Material wird benötigt? Für vier Personen werden 16 Bälle benötigt (z. B. Tennisbälle). Die Spieler werden vor dem Beginn die Emotionen als Emoticons mit Markern auf die Bälle malen; dabei soll die Anzahl der positiven und negativen Emotionen gleich sein.

Wie läuft diese Aktivität ab? Bei der Variation „Emotionsstaffel" wird die Gruppe in Zweierteams aufgeteilt. Diese sprinten dann gegeneinander bis zu einem Punkt, an dem ein Emotionsball aus einer Tasche geholt werden muss. Nur positive Emotionsbälle dürfen gesammelt werden. Mit diesem Ball muss dann zum Startpunkt zurückgesprintet und der Partner abgeklatscht werden. Dieser sprintet daraufhin ebenfalls bis zu dem Punkt und holt einen Emotionsball aus der Tasche, mit welchem er zurücksprintet und den Partner erneut abklatscht.

Was ist das Ziel dieser Aktivität? Um die Identifikation der Emotionen unter körperlicher Erschöpfung zu trainieren, müssen die Spieler trotz Ermüdung/Belastung so schnell wie möglich die positiven Emotionsbälle finden.

Wann wurde diese Aktivität erfolgreich absolviert? Es wird so lange gelaufen, bis keine Bälle mit positiven Emotionen mehr in der Tasche vorhanden sind. Gewonnen hat das Team, welches mehr Bälle gesammelt hat. Falls beide Teams dieselbe Anzahl gesammelt haben, gewinnt das Team, das schneller war.

Welche Variationsmöglichkeiten dieser Aktivität gibt es? Eine Variationsmöglichkeit ist, dass aus der Tasche nur Bälle mit negativen Emotionen genommen werden dürfen. Dabei wird so lange gelaufen, bis keine negativen Bälle mehr vorhanden sind.

Alternativ können die Bälle auch auf unterschiedliche Art und Weise zurücktransportiert werden, bspw. fröhlich – über Kopfhöhe von einer Hand in die andere werfen, traurig – um die Hüfte kreisen, wütend – prellen, ängstlich – hochwerfen und hinter dem Rücken fangen, sich ekeln – rückwärtslaufen.

Aktivitäten zum Training *emotionaler Intelligenz*

Abb. 9: Die Teilnehmer sprinten, in Form eines Staffellaufes, zu der Stelle, wo die „Emotionsbälle" gesammelt sind, nehmen sich dort einen positiven „Emotionsball" und bringen ihn schnellstmöglich zu ihrem „Lager".

6.1.2 VARIATION: „POSITIVE UND NEGATIVE EMOTIONSBÄLLE"

Welche emotionalen Kompetenzen werden mit dieser Aktivität trainiert? Identifikation der eigenen Emotionen.

Wie alt sollten Personen sein, mit denen diese Aktivität durchgeführt wird? > 6

Mit wie vielen Personen kann diese Aktivität durchgeführt werden? > 4

Welches Material wird benötigt? Für vier Personen sind 16 Bälle erforderlich (z. B. Tennisbälle). Vor Beginn werden die Spieler die Emotionen als Emoticons mit Markern auf die Bälle malen; dabei soll die Anzahl der positiven und negativen Emotionen gleich sein.

Wie läuft diese Aktivität ab? Bei der Aktivität „Positive und negative Emotionsbälle" geht es darum, Emotionsvalenzen (vorwiegend positiv oder vorwiegend negativ) richtig zu erkennen. Bei dieser Variation werden die Emotionsbälle willkürlich auf der Wiese/in der Halle verteilt. Danach werden Zweierteams gebildet, welche die Aufgabe haben, die Bälle wieder einzusammeln. Alle Zweierteams dürfen gleichzeitig loslaufen und sollen, so schnell wie möglich, möglichst viele Emotionsbälle einsammeln. Positive Emotionsbälle bringen zwei Punkte, negative Emotionsbälle bringen einen Punkt.

Was ist das Ziel dieser Aktivität? Das Ziel der Variation „Positive und negative Emotionsbälle" ist es, Emotionen hinsichtlich ihres Wertes, d. h. Emotionen, nach denen man in der Regel strebt und Emotionen, die man in der Regel meidet, einordnen zu können. Dazu muss man die Emotionen auf den Bällen richtig erkennen. Das Ziel besteht darin, mehr Punkte als der Gegner zu sammeln.

Wann wurde diese Aktivität erfolgreich absolviert? Die Aktivität wurde erfolgreich absolviert, wenn die Teilnehmer sicher zwischen positiven und negativen Emotionen unterscheiden können.

Welche Variationsmöglichkeiten dieser Aktivität gibt es? Es kann immer abwechselnd gelaufen werden. Die Person, die einen Ball sammelt, muss die abgebildete Emotion nachahmen und das Paar erhält einen Extrapunkt, wenn es der wartenden Person gelingt, die Emotion richtig zu erraten.

6.2 AKTIVITÄT „FEUER, WASSER, BLITZ"

Welche emotionalen Kompetenzen werden mit dieser Aktivität trainiert? Identifikation der Emotionen anderer.

Wie alt sollten Personen sein, mit denen diese Aktivität durchgeführt wird? < 10 Jahren

Mit wie vielen Personen kann diese Aktivität durchgeführt werden? > 4

Welches Material wird benötigt? Pro Emotion, die trainiert werden soll, wird ein Blatt benötigt. Das Blatt muss groß genug sein, dass man auch von Weitem erkennen kann, was darauf abgebildet ist. Es wird mit drei Emotionen angefangen, was bedeutet, dass mindestens drei Blätter vorhanden sein sollten. Wie viele Emotionsblätter hinzugefügt werden, bleibt dem Übungsleiter überlassen. Zu viele sollten es allerdings nicht sein, damit der Lerneffekt erhalten bleibt. Auf die Blätter wird vor Beginn jeweils eine Emotion in Form eines Emoticons gemalt.

Wie läuft diese Aktivität ab? Die Aktivität „Feuer, Wasser, Blitz" besteht darin, dass emotionale Gesichtsausdrücke erkannt werden und entsprechend vorgegebene, den unterschiedlichen Emotionen zugeordnete sportliche Aufgaben erfüllt werden. Der Übungsleiter bereitet mehrere Ausdrucke mit Bildern von verschiedenen emotionalen Gesichtsausdrücken vor, eine Emotion pro Blatt (Abb. 10).

Immer wenn der Trainer eines der Emotionsblätter hochhält, ist es die Aufgabe der Kinder/Teilnehmer, die entsprechenden Emotionen zu zeigen und eine zusätzliche Aufgabe durchzuführen, die der Trainer vorher angekündigt hatte: Beispielsweise sollen die Teilnehmenden, wenn ein wütender Gesichtsausdruck gezeigt wird, Liegestütze machen, sich bei einem ängstlichen Gesichtsausdruck hinter dem Trainer aufreihen oder bei einem fröhlichen Gesichtsausdruck einen Ball zu einem Mitspieler passen.

Die Aufgaben, die mit dem Zeigen der verschiedenen Emotionen verknüpft werden, können frei gewählt werden, sollten aber klar voneinander zu unterscheiden sein. Wichtig ist, dass eine bestimmte Emotion in jeder Übungseinheit mit der gleichen Aufgabe verknüpft ist (z. B. Wut → Liegestütz, Angst → eine Linie hinter dem Trainer, Freude → Ball zu einem anderen Kind passen).

Dadurch, dass eine Emotions-Aufgaben-Kopplung über mehrere Übungseinheiten entsteht, können die Kinder Sicherheit in der Erkennung von Emotionen erlangen und ihr Wissen verfestigen. Die grundlegende Aktivität lässt sich auch schrittweise steigern: Sobald die Kinder mit den ersten drei Emotionen vertraut sind, können weitere Emotionen eingeführt und mit neuen Aufgaben verknüpft werden.

Abb. 10: Die Teilnehmer führen eine Übung durch, die mit dem emotionalen Ausdruck auf dem Schild des Übungsleiters übereinstimmt (z.B. Liegestütz bei wütendem Gesichtsausdruck).

Was ist das Ziel dieser Aktivität? Das Ziel dieser Aktivität ist es, die Emotionen anderer durch Beobachtung zu identifizieren. Diese Aktivität wurde von verschiedenen Emotionserkennungs-Trainingsprotokollen [29, 30] abgeleitet.

Wann wurde diese Aktivität erfolgreich absolviert? Die Aktivität wird als erfolgreich betrachtet, wenn alle Kinder in der Lage sind, die gezeigten Emotionen korrekt zu identifizieren. Außerdem lässt sich erkennen, dass die Kinder die richtige Aufgabe durchführen, wenn sie eigenständig wissen, was zu tun ist und nicht lediglich die anderen Kinder nachahmen.

6.2.1 VARIATION: „VERKNÜPFUNG MIT POWERPOSEN"

Diese Aktivität bietet auch eine gute Möglichkeit, „Powerposen" (das Zeigen von Gesten und Körpersprache, die mit Erfolg und Stolz verbunden sind) zu üben (siehe Aktivität 10). Im Anschluss an das Emotionsblatt, das der Trainer hochhält, führen die Kinder eine Powerpose aus, die sie mit der gezeigten Emotion verbinden. Dabei kann die Pose die Funktion haben, die gezeigte Emotion aufrechtzuerhalten, z. B. bei positiv förderlichen Emotionen, oder die Funktion haben, das emotionale Erleben, z. B. von Angst, zu regulieren.

Um die Wirkung der „Powerpose" für sich zu nutzen, sollten die Kinder für ein paar Sekunden in der entsprechenden Pose bleiben, d. h., der Trainer sollte hier Zeit lassen, damit die Kinder die Posen einnehmen und den gewünschten Effekt spüren können.

6.2.2 VARIATION: „VORMACHEN DER EMOTIONEN"

In einem fortgeschrittenen Team wissen die Teilnehmenden bereits, wie die verschiedenen Emotionen von den Emotionsblättern aussehen. So kann anstatt der gezeigten Bilder ein Kind die Verantwortung übernehmen und die bestimmten Emotionen auf Hinweis des Trainers für den Rest der Gruppe ausdrücken.

6.3 AKTIVITÄT „EMOTIONALE GESICHTER IN BEWEGUNG"

Welche emotionalen Kompetenzen werden mit dieser Aktivität trainiert? Ausdruck der eigenen Emotionen.

Wie alt sollten Personen sein, mit denen diese Aktivität durchgeführt wird? < 10 Jahren

Mit wie vielen Personen kann diese Aktivität durchgeführt werden? > 8

Welches Material wird benötigt? Ein Hütchen, das in etwa 15 m Entfernung aufgestellt wird.

Wie läuft diese Aktivität ab? Die Aktivität „Emotionale Gesichter in Bewegung" basiert auf der Idee eines Rollenspiels, bei dem die involvierten Personen Rollen in einer Geschichte (z. B. „Familie Schmidt") übernehmen. Im Verlauf der Geschichte erleben die Figuren verschiedene Emotionen und die Aufgabe der involvierten Personen ist es, diese Emotionen mithilfe von Gesichtsausdrücken nachzustellen. Dazu werden die Kinder in möglichst gleich große Gruppen aufgeteilt, die nicht größer als sechs Personen sein sollten, um die Wartezeiten möglichst gering zu halten. Jedes Kind übernimmt eine Rolle in der fiktiven „Familie Schmidt" (z. B. Vater, Mutter, Kind, Opa ...) und stellt sich in seiner Gruppe hinter eine Linie. Weiterhin wird ein Hütchen benötigt, das etwa 15 m entfernt einen Wendepunkt markiert. Der Aufbau ist in Abb. 11 bildlich dargestellt.

Der Trainer erzählt dann eine Geschichte, in der die fiktiven Rollen verschiedene Emotionen erleben. Wenn die entsprechende Rolle der Kinder in der Geschichte erwähnt wird (z. B. Oma), ist es ihre Aufgabe, die Emotion mit ihrem Gesichtsausdruck zum Ausdruck zu bringen und währenddessen, so schnell sie können, zum Wendepunkt und zurück zu laufen. Auf dem Laufweg können sie je nach Anforderung der Sportart auch jede Art von weiterer Aufgabe lösen, wie z. B. einen Ballon transportieren, einen Fußball oder Basketball dribbeln, durch eine Koordinationsleiter laufen etc. Um Ihnen eine konkrete Idee zu geben, haben wir im unteren Kasten einen Teil einer Beispielgeschichte aufgeführt.

> **„FAMILIE SCHMIDT BESUCHT DEN ZOO"**
>
> *Als sie am Tigerkäfig ankamen, sah Vater Schmidt erstaunt die majestätischen Tiere („Papa Schmidt" würde auf den Wendepunkt zu seinem Erstaunen hinauslaufen). Aber Tochter Schmidt erschien erschrocken und versteckte sich schnell hinter ihrer Mutter, als einer der Tiger eine plötzliche Bewegung in ihre Richtung machte („Tochter Schmidt" drückt Angst aus). So gingen sie zum nächsten Käfig. Da es ein wirklich heißer Sommertag war und die ganze Familie Schmidt sich erschöpft fühlte (alle Kinder stehen auf und drücken Erschöpfung aus, während sie auf den Wendepunkt zulaufen), beschlossen sie, eine Pause im Schatten einer großen Eiche zu machen.*

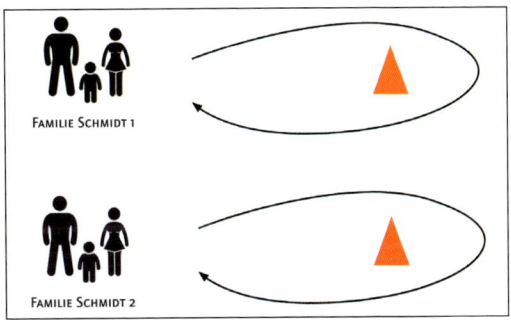

Abb. 11: Aufbau – „Familie Schmidt besucht den Zoo"

Was ist das Ziel dieser Aktivität? Die erste Aktivität „Emotionale Gesichter in Bewegung" wird als Rollenspieltraining verstanden, in dem Emotionen durch eigene Gesichtsausdrücke zum Ausdruck gebracht werden [31]. Das Ziel dieser Aktivität ist es, verschiedene Emotionen, die in einer Geschichte erzählt werden, korrekt ausdrücken zu können.

Abb. 12: Der „fröhliche" Wettlauf zum Wendepunkt. Seitlich der Übungsleiter, der die Geschichte vorträgt und dazu das Schild mit dem passenden Gesichtsausdruck hochhält.

Wann wurde diese Aktivität erfolgreich absolviert? Die Aktivität wurde erfolgreich durchgeführt, wenn die Kinder in der Lage sind, die Emotionen in der Geschichte eindeutig auszudrücken. Ein Zuschauer, der nicht in der Lage ist, die Geschichte zu hören, sollte die gezeigten Emotionen identifizieren können.

6.4 AKTIVITÄT „EMOTIONALE ODYSSEE"

Welche emotionalen Kompetenzen werden mit dieser Aktivität trainiert? Identifikation der Emotionen anderer.

Wie alt sollten Personen sein, mit denen diese Aktivität durchgeführt wird? Jede Altersgruppe

Mit wie vielen Personen kann diese Aktivität durchgeführt werden? > 4

Welches Material wird benötigt? Benötigt werden vier Emotionskarten, auf denen die Emotionen Wut, Angst, Überraschung und Freude dargestellt werden. Diese können mithilfe eines Markers vorher aufgemalt werden. Alternativ können Fotos der entsprechenden Emotionen ausgedruckt werden.

Wie läuft diese Aktivität ab? Bevor die Aktivität startet, platziert der Übungsleiter Emotionskarten, d. h., eine Karte mit einem Emotionsbild als Gesichtsausdruck (Abb. 14), in den verschiedenen Ecken der Halle oder des Platzes. Die Teilnehmer joggen dann in einem vorher festgelegten Bereich, in dessen Ecken jeweils eine Emotionskarte liegt. Wenn der Trainer eine der Emotionen ruft, ist es die Aufgabe der Teilnehmer, in die jeweilige Ecke zu laufen (Abb. 13).

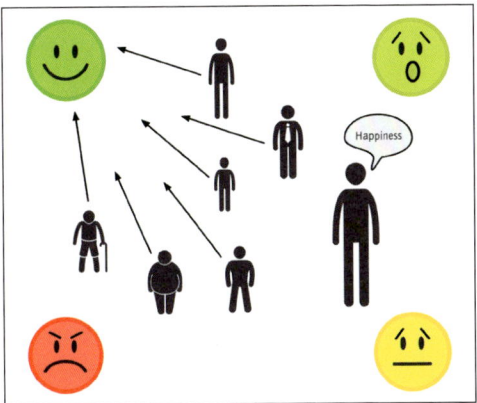

Abb. 13: Schematischer Ablauf der „Emotionalen Odyssee"

Was ist das Ziel dieser Aktivität? Diese Aktivität wurde von den etablierten Emotionserkennungs-Trainingsprotokollen abgeleitet [29, 30] und zielt darauf ab, verschiedene Emotionen einzuführen, damit die Kinder erkennen können, wie Gesichtsausdrücke aussehen, wenn andere Menschen gewisse Emotionen erleben und wie die jeweilige Emotion genannt wird. Diese Übung ist eine gute Vorübung, um die Personen auf Aktivität 7, „Achtsamkeit", vorzubereiten und ist daher besonders für jüngere Kinder geeignet.

Wann wurde diese Aktivität erfolgreich absolviert? Die Aktivität ist ein Erfolg, wenn die Teilnehmer in der Lage sind, die Emotionen richtig zu identifizieren. Das heißt, dass sie, wenn der Trainer „Ärger" sagt, auf das Bild eines wütenden Menschen zulaufen. Darüber hinaus sollten sie in der Lage sein, die Emotionen im Bild zu beurteilen und zu entscheiden, ob das Gefühl gut oder schlecht ist.

Abb. 14: Beispielhafte Emotionskarten für die „Emotionale Odyssee"

6.4.1 VARIATION: „GESICHTSAUSDRUCK UND KÖRPERSPRACHE"

Bei der Variation „Gesichtsausdruck und Körpersprache" sollen die Emotionskarten um emotionsspezifische Körperausdrücke erweitert werden. Der Trainer kann dann mehrere Bilder gleicher Emotionen zeigen, um die Komplexität des emotionalen Erlebens näherzubringen.

Abb. 15: Beispielhafte „Emotionskarten" für die „Emotionale Odyssee"

6.4.2 VARIATION: „EMOTIONALES INTERVIEW"

Bei der Variation „Emotionales Interview" wird die Aktivität um eine zusätzliche Kommunikationsaufgabe erweitert. Dazu soll jeder Teilnehmer einen Partner auswählen. Die Paare erzählen sich dann gegenseitig eine Geschichte über die spezielle, vom Übungsleiter genannte Emotion oder stellen sich einige Fragen darüber, z. B.: „Wann hast du dich zuletzt so gefühlt?", „Was hast du genau gefühlt?", „Wie hat sich dein Verhalten geändert, als du dich so gefühlt hast?", „Wie kannst du dich in diesen emotionalen Zustand versetzen?", „Wie könntest du den emotionalen Zustand zu deinen Gunsten verwenden?" etc.

Dadurch wird die Emotion nicht nur mithilfe des Gesichtsausdrucks repräsentiert, sondern auch durch die beispielhaften Geschichten aus dem persönlichen Erleben der Teilnehmenden. So erhält man ein differenziertes Bild davon, wann diese Emotion verstärkt auftritt und wie sich das emotionale Erleben äußert.

Aktivitäten zum Training *emotionaler Intelligenz*

6.5 AKTIVITÄT „KOMMUNIKATIONSÜBUNG"

Welche emotionalen Kompetenzen werden mit dieser Aktivität trainiert? Identifikation der eigenen Emotionen und der Emotionen anderer; Verständnis der eigenen Emotionen und der Emotionen anderer; Ausdruck der eigenen Emotionen und der Emotionen anderer.

Wie alt sollten Personen sein, mit denen diese Aktivität durchgeführt wird? > 10 Jahren

Mit wie vielen Personen kann diese Aktivität durchgeführt werden? > 2

Welches Material wird benötigt? Für diese Übung wird kein zusätzliches Material benötigt.

Wie läuft diese Aktivität ab? In der Aktivität „Kommunikationsübung" handelt es sich um eine Partneraktivität zur Vertiefung und Verbesserung der Kommunikation. Als grundlegende Aktivität kann die „Kommunikationsübung" sowohl im organisierten Sport als auch bei Freizeitaktivitäten, während einer Pause oder am Ende des Trainings genutzt werden. Bei der „Kommunikationsübung" nehmen beide Personen nacheinander die Sprecher- oder Zuhörerrolle ein, wobei das Thema, über das gesprochen wird, vorher festgelegt oder frei nach dem Interesse der Personen gewählt werden kann.

Abb. 16: Aufteilung in Pärchen für die Kommunikationsübung

Hier sollte man als Anleitender überlegen, was das spezifische Ziel der Übung ist. Die Teilnehmer sollen über persönliche Themen sprechen, wie z. B.: „Was war eine prägende Erfahrung in Ihrer Kindheit?", „Was macht Ihnen Angst?", „Was sind typische Situationen, die Sie wütend machen und wie gehen Sie in der Regel mit ihnen um?". Diese Art von Fragen erfordert ein gewisses Maß an Vertrauen. Daher ist es in den meisten Fällen sinnvoll, vergleichbare Themen erst vorzuschlagen, wenn die Athleten sich besser kennen. Personen, die einander nicht kennen, können mit etwas oberflächlicheren Themen beginnen: z. B.: „Was machen Sie in Ihrer Freizeit?", „Warum nehmen Sie an dieser Sportart teil?", „Was war das Lustigste, was Sie heute erlebt haben?"

Der Ablauf sieht dann wie folgt aus (siehe auch Abb. 17). Zuerst spricht Person A für eine festgelegte Zeit (z. B. fünf Minuten), dann sind beide Teilnehmer ruhig, um über das Gesagte nachzudenken. Danach drückt Person B für die gleiche Zeit ihre Gedanken aus (z. B. fünf Minuten) und beide schweigen wieder. In einer letzten Phase haben beide Personen Zeit, sich über das Gesagte auszutauschen.

Diese Aktivität ist besonders bei Mannschaften sinnvoll, wenn diese viel Zeit zusammen verbringen, z. B. in den Trainingslagern vor der Saison oder in der Winterpause. Die Spieler haben die Chance, sich untereinander und sich selbst besser kennenzulernen. Eine andere Möglichkeit, diese Technik zu verwenden, könnte während des Aufwärmens vor dem Training sein, aber auch während des Trainings, um ein Missverständnis zwischen zwei Spielern aufzuklären und dadurch ggfs. größere Konflikte zu vermeiden.

Abb. 17: Schematische Darstellung der „Kommunikationsübung"

Abhängig von der verfügbaren Zeit kann die „Kommunikationsübung" beliebig verkürzt oder verlängert und mit anderen Aktivitäten verbunden werden. Beispielsweise ist beim Aufwärmen die Zeit oft relativ kurz, dadurch können die einzelnen Phasen nur wenige Minuten lang sein. Denkt man aber an Ausdauersportarten, wie z. B. einen Langstreckenlauf oder eine Radtour, so können die vier Phasen leicht auf 15-20 Minuten verlängert werden.

Was ist das Ziel dieser Aktivität? Die „Kommunikationsübung" als Partneraktivität wurde von Mesibov [32] abgeleitet und hat zwei Hauptziele. Einerseits geht es darum, die eigene Ausdrucksfähigkeit und das tiefer gehende Verständnis der eigenen Emotionen zu verbessern. Dies wird erreicht, indem man für ein paar Minuten ohne Unterbrechung redet, um ein tiefer gehendes Thema zu erreichen als in üblichen, häufig kurzen Konversationen. Auf der anderen Seite soll die Aktivität die Fähigkeit des Zuhörens verbessern, was sich zusätzlich auch auf die Emotionserkennung bei anderen Personen auswirken kann. Dies zielt auch darauf ab, das Verständnis für die Emotionen der anderen Person und die Werte und Beweggründe für ihr Verhalten zu verbessern. Insgesamt kann die „Kommunikationsübung" in einem Team zu einem besseren Klima zwischen den einzelnen Spielern führen.

Wann wurde diese Aktivität erfolgreich absolviert? Die Aktivität „Kommunikationsübung" ist ein Erfolg, wenn beide Teilnehmer sowohl in der Lage sind, still zu bleiben und aufmerksam zuzuhören, während ihr Teamkollege spricht, als auch die zur Verfügung stehende Zeit mit zu nutzen, um über ein persönliches Thema zu sprechen. Die teilnehmenden Personen sollen es idealerweise als angenehm empfinden, über persönliche Themen zu sprechen.

6.5.1 VARIATION: „KLARTEXT"

Welche emotionalen Kompetenzen werden mit dieser Aktivität trainiert? Verständnis der eigenen Emotionen und der Emotionen anderer, Ausdruck der eigenen Emotionen und der Emotionen anderer.

Wie alt sollten Personen sein, mit denen diese Aktivität durchgeführt wird? > 10 Jahren

Mit wie vielen Personen kann diese Aktivität durchgeführt werden? Beliebig, allerdings sollten die Gespräche unter vier Augen stattfinden.

Wie läuft diese Aktivität ab? Bei der Variation „Klartext" geht es darum, sich möglichst offen mit einem Teamkollegen zu unterhalten. Die Aktivität können die Teilnehmer in einem komfortablen Tempo, bei dem sie noch miteinander reden können, absolvieren, z. B. beim Joggen oder Radfahren. Sie sollen sich gegenseitig nacheinander bestimmte Fragen stellen und beantworten und über gewisse Themen sprechen, beispielsweise weshalb sie mit dieser Sportart angefangen haben, warum sie sie immer noch machen und mit welchen Emotionen sie ihr begegnen.

Was ist das Ziel dieser Aktivität? Ziel dieser Aktivität ist es, mit einem Partner Sport zu treiben und seine Beweggründe, Sport zu treiben, besser kennenzulernen und welche Emotionen dieser Sport auslösen kann. Außerdem gewinnt man eine andere Perspektive und lernt die Beweggründe des anderen besser kennen, wieso, wie und mit welchen Zielen er Sport treibt. Dies fördert auch die Entwicklung der Empathie.

Wann wurde diese Aktivität erfolgreich absolviert? Die Aktivität gilt als erfolgreich, wenn die beiden Teilnehmer am Ende zusammenfassen können, was die jeweils andere Person auf die Frage(n) antwortete.

6.5.2 VARIATION: „SPEEDINTERVIEW"

Welche emotionalen Kompetenzen werden mit dieser Aktivität trainiert? Ausdruck der eigenen Emotionen und der Emotionen anderer, Verständnis der eigenen Emotionen und der Emotionen anderer.

Wie alt sollten Personen sein, mit denen diese Aktivität durchgeführt wird? > 10 Jahren

Mit wie vielen Personen kann diese Aktivität durchgeführt werden? 4-20

Welches Material wird benötigt? Sie können entweder einen Ball zum Dribbeln oder alternativ einen Parcours verschiedener Kraftübungen verwenden.

Wie läuft diese Aktivität ab? Die Variation „Speedinterview" ist ebenfalls eine Kommunikationsübung, bei der man in kurzer Zeit möglichst viel von sich erzählen und über sein Gegenüber herausfinden soll. Dabei dribbelt die Gruppe in einem relativ kleinen Feld (oder alternativ durch einen Parcours verschiedener Kraftübungen). Der Trainer gibt dann die Anweisung, sich in Zweiergruppen zusammenzufinden und die folgenden, von ihm gestellten Fragen zu beantworten, zum Beispiel: „Warum treibst du Sport?", „Was war der glücklichste Moment in deiner Kindheit, an den du dich erinnerst?", „Über welches noch belastende Ereignis der letzten Jahre denkst du immer noch nach?"

Ziel der Tätigkeit: Das Ziel dieser Aktivität ist es, sich und andere Personen besser kennenzulernen und in sehr kurzer Zeit persönliche Dinge zu erzählen oder zu erfragen. Dadurch sollen Hemmungen, über emotionale Themen zu sprechen, abgebaut werden.

Wann wurde diese Aktivität erfolgreich absolviert? Die Aktivität ist dann erfolgreich, wenn die Personen sich offen miteinander unterhalten und sich und die andere Person dadurch besser kennenlernen. Dies führt dazu, dass sie die Hintergründe ihrer Handlungen und Gefühle in bestimmten Situationen besser verstehen.

6.6 AKTIVITÄT „DEBRIEFINGBOGEN"

Welche emotionalen Kompetenzen werden mit dieser Aktivität trainiert? Identifikation und Verständnis der eigenen Emotionen.

Wie alt sollten Personen sein, mit denen diese Aktivität durchgeführt wird? Jede Altersgruppe.

Mit wie vielen Personen kann diese Aktivität durchgeführt werden? Alleine, Besprechung mit Trainer/Partner oder in der Gruppe möglich.

Welches Material wird benötigt? Diese Aktivität wird mithilfe des „Debriefingbogens" ausgeführt, den Sie hier im Anschluss finden.

Wie läuft diese Aktivität ab? Der „Debriefingbogen" soll bei der Reflexion der eigenen Emotionen helfen. Nach dem Training oder Wettkampf können Sie anhand des Debriefingbogens Ihre erlebten Emotionen und Gefühle sowie Ihre Leistung reflektieren. Dabei können Sie den Debriefingbogen vervollständigen (Tab. 6 – S. 94).

- Was ist passiert? Wie war die Situation?
- Welche Emotionen haben Sie erlebt?
- Wie intensiv waren Ihre Emotionen?
- Wie viel Kontrolle hatten Sie?
- Waren die Emotionen hinderlich oder förderlich?
- Welche Bewältigungsstrategie haben Sie angewendet?
- Wie effektiv war Ihre Strategie?

Mit einem solchen Debriefingbogen kann man das eigene Bewusstsein, die eigenen Regulationsstrategien und darüber gegebenenfalls auch die eigene Leistung in bestimmten Situationen erhöhen. Falls sich Athleten durch negative Emotionen und ineffektive Regulationsstrategien überwältigt fühlen, ermöglicht es der Debriefingbogen, geeignete Wege zu finden, mit Stressoren umzugehen und darauf entsprechend zu reagieren. Eine weitere mögliche Verwendung des Debriefingbogens besteht darin, einen Handlungsplan für ähnliche, zukünftige Situationen zu erstellen. Diese Vorausplanung kann helfen, zukünftige leistungsunterstützende Bewältigungsstrategien vorzubereiten und zu ermöglichen.

Was ist das Ziel dieser Aktivität? Diese Aktivität ermöglicht es, das Zusammenspiel von Stress, Emotionen und Bewältigung besser zu verstehen und entsprechend zu verbessern [6, 33, 34]. Ziel des Erhebungsbogens ist es, den Sportler zu ermutigen, über bestimmte Situationen während eines Wettkampfs oder einer Trainingseinheit nachzudenken. Die Idee ist, dass Personen durch die gezielte Reflexion, basierend auf dem Debriefingbogen, lernen können, negative Emotionen und ineffiziente Bewältigungsstrategien zu reduzieren und hilfreiche Emotionen und effektive Bewältigungsstrategien zu fördern.

Wann wurde diese Aktivität erfolgreich absolviert? Der Debriefingbogen wird erfolgreich eingesetzt, wenn Personen in der Lage sind, zu identifizieren, welche Emotionen sie erleben und diese in Worten ausdrücken und aufschreiben können.

Tab. 6: Debriefingbogen für den Wettkampf: Evaluation von Ereignissen, Stressoren, Emotionen und Bewältigungsstrategien						
1) Ereignis/ Stressor	2) Intensität der Emotion	3) Erlebte Kontrolle über die Situation	4) Art der Emotion	5) Funktion der Emotion: hilfreich (+) oder hindernd (-) für die Leistung (Einfluss auf die Entscheidungen)	6) Bewältigungsstrategie	7) Bewältigungseffektivität
	1 2 3 4 5	1 2 3 4 5				1 2 3 4 5
	1 2 3 4 5	1 2 3 4 5				1 2 3 4 5
	1 2 3 4 5	1 2 3 4 5				1 2 3 4 5
	1 2 3 4 5	1 2 3 4 5				1 2 3 4 5
	1 2 3 4 5	1 2 3 4 5				1 2 3 4 5
	1 2 3 4 5	1 2 3 4 5				1 2 3 4 5

Notiz: Wie nutze ich den Debriefingbogen? Die Likert-Skalen rangieren von 1 (gar nicht) bis 5 (sehr stark). Die Felder sollen wie folgt ausgefüllt werden: 1) Ereignis/Stressor: Schreiben Sie auf, welche einprägenden Ereignisse oder stressigen Situationen Sie während des Spiels erlebt haben. 2) Intensität der Emotionen: Markieren Sie die Intensität der Emotion, die Sie in der Situation gefühlt haben. 3) Erlebte Kontrolle über die Situation: Markieren Sie, inwiefern Sie Kontrolle in dieser Situation gefühlt haben. 4) Art der Emotion: Geben Sie der Emotion eine Bezeichnung, und schreiben Sie gegebenenfalls Gedanken auf, die Sie mit der Emotion in dieser Situation verbinden. 5) Funktion der Emotion: War die Emotion hilfreich oder hat sie Sie behindert? Markieren Sie dies mit einem + oder einem -. 6) Bewältigungsstrategie: Schreiben Sie auf, wie Sie die Situation bewältigt haben. 7) Bewertung der Bewältigungsstrategie: Hat die Bewältigungsstrategie funktioniert? Bewerten Sie die Effektivität.

6.7 AKTIVITÄT „ACHTSAMKEIT"

Welche emotionalen Kompetenzen werden mit dieser Aktivität trainiert? Identifikation der eigenen Emotionen und der Emotionen anderer, Verständnis der eigenen Emotionen und der Emotionen anderer, Ausdruck der Emotionen anderer, Regulation der eigenen Emotionen und der Emotionen anderer.

Wie alt sollten Personen sein, mit denen diese Aktivität durchgeführt wird? Jedes Alter

Mit wie vielen Personen kann diese Aktivität durchgeführt werden? > 2

Welches Material wird benötigt? Wer möchte, kann für diese Aktivität einen Ball verwenden. Dies ist allerdings nicht zwingend notwendig.

Was ist der (wissenschaftliche) Hintergrund dieser Aktivität? *Achtsamkeit* kann als „momentanes Bewusstsein" oder „Im-Hier-und-Jetzt-Sein" definiert werden. Achtsamkeit entsteht, „indem man in besonderer Weise die eigene Aufmerksamkeit ausrichtet: sich absichtlich im gegenwärtigen Augenblick befindet und nicht-bewertend agiert" [35]. Achtsamkeit bedeutet also, alles so zu betrachten, wie es im aktuellen Augenblick ist, ohne Dinge zu bewerten oder in irgendeiner Weise zu interpretieren. Im Alltag ist man mit seinen eigenen Gedanken oft so beschäftigt, dass es kaum Raum gibt, allen und allem um sich herum Beachtung zu schenken. Achtsamkeit richtet die Aufmerksamkeit auf die Aufgabe, bemerkt, wann der Geist wandert und bringt ihn wieder in den Fokus zurück. Dies kann in vielen sportlichen Kontexten relevant sein, im Training und Wettkampf implementiert und bereits bei Kindern trainiert werden.

Wie läuft diese Aktivität ab? Diese Aktivität umfasst eine Gruppe von Aktivitäten, die „Achtsamkeit" fördern sollen und eine weit verbreitete Variante kann unter den Variationen gefunden werden (siehe Kap. 6.7.1). Man kann Achtsamkeit mit einfachen Übungen trainieren, z. B. durch die Konzentration auf das Atmen. Diese Übungen kann man als Routine am Anfang des Trainings, am Ende oder auch als Erholungspause einbinden. Eine mögliche Übung zur Förderung von Achtsamkeit wird von Daniel Goleman [36] beschrieben, bei der sich Kinder für ein paar Minuten auf den Rücken legen, einen Ball auf den Bauch legen und ihn mit dem Atem nach oben und unten bewegen sollen. Wann immer sie bemerken, dass ihr Geist wandert und ihnen Gedanken in den Kopf schießen, bringen sie ihre Aufmerksamkeit wieder zu ihrem Atem zurück.

Was ist das Ziel dieser Aktivität? Das Ziel von Achtsamkeitsaktivitäten generell ist es, das emotionale Selbstbewusstsein zu erhöhen, welches die Grundlage für alle fünf emotionalen Kompetenzen bildet. Mit anderen Worten: Ohne ein Bewusstsein für den gegenwärtigen

Augenblick, beispielsweise aufgrund ablenkender Gedanken, kann ein Athlet Emotionen nicht effektiv identifizieren, ausdrücken, verstehen, regulieren oder verwenden.

Wann wurde diese Aktivität erfolgreich absolviert? Der wichtigste Teil dieser Übung ist, die eigenen Gedanken zu kontrollieren und zu bemerken, wann immer Gedanken ins Bewusstsein treten. Wenn irrelevante Gedanken in den Kopf schießen, gelingt es, den Fokus der Aufmerksamkeit wieder auf einen spezifischen Aspekt zu lenken, z. B. den eigenen Atem. Wenn ein Sportler in der Lage ist, seine Gedanken über eine gewisse Zeit zu kontrollieren, kann die Tätigkeit als ein Erfolg angesehen werden. In weiteren Übungen kann die Fokussierungszeit erhöht werden.

6.7.1 VARIATION: „KÖRPERSCAN"

Welche emotionalen Kompetenzen werden mit dieser Aktivität trainiert? Identifikation der eigenen Emotionen.

Wie alt sollten Personen sein, mit denen diese Aktivität durchgeführt wird? > 10 Jahren

Mit wie vielen Personen kann diese Aktivität durchgeführt werden? Diese Übung kann alleine oder in Gruppen durchgeführt werden.

Welches Material wird benötigt? Für diese Aktivität benötigen Sie nichts als einen ruhigen, komfortablen und warmen Ort.

Was ist der (wissenschaftliche) Hintergrund dieser Aktivität? Die Körperscanmeditation ist eine weit verbreitete Übung [37], welche zum Beispiel in etablierten Rehabilitationseinrichtungen zur Stressreduktion eingesetzt wird. Die Übung eignet sich z. B. gut, um sich nach einem intensiven Training oder anstrengenden Wettkampf zu erholen und zu beruhigen oder vor einem Ereignis zu entspannen. Weiterhin kann die eigene Körperwahrnehmung verbessert werden. Das folgende Skript [37] kann als Leitfaden für die Ausführung des Körperscans verwendet werden.

Wie läuft diese Aktivität ab? Im Folgenden stellen wir Ihnen eine beispielhafte Instruktion für den Körperscan vor: „Legen Sie sich auf Ihren Rücken an einem komfortablen Ort, wie Ihr Bett, den Boden oder eine Schaumstoffmatte. Stellen Sie sicher, dass Sie an einem warmen, geschützten Ort sind, an dem Sie nicht unterbrochen werden und Sie sich sicher fühlen.

Um zu beginnen, schließen Sie die Augen. Richten Sie Ihre Aufmerksamkeit auf Ihren Atemfluss. Spüren Sie das Heben und Senken des Bauchs mit jedem Atemzug. Nehmen

Sie sich ein paar Momente, Ihren Körper als Ganzes zu fühlen, von Kopf bis Fuß und spüren Sie den Kontakt mit dem Untergrund, auf dem Sie liegen. Als Nächstes lenken Sie Ihre Aufmerksamkeit auf Ihren linken Fuß und die Zehen, indem Sie tief ein- und ausatmen und versuchen, bis in Ihre Zehen zu atmen. Es kann helfen, sich vorzustellen, dass der Atem durch Ihren Körper wandert, von der Nase durch die Lunge und durch den Rumpf, das linke Bein hinunter bis hin zu den Zehen und dann wieder zurück. Fühlen Sie diese Empfindungen in den Zehen. Wenn Sie im Moment nichts fühlen, ist das auch in Ordnung. Wenn Sie bereit sind, ‚verlassen' Sie die Zehen und bewegen Sie Ihren Aufmerksamkeitsfokus auf die Fußsohle, die Ferse, die Oberseite des Fußes und den Knöchel. Atmen Sie weiterhin in jede Region des Körpers und spüren Sie die Empfindungen, die Sie erleben. Lassen Sie diese nun los, und ziehen zur nächsten Körperregion weiter. Bewegen Sie sich auf diese Weise, wie beschrieben, langsam durch Ihr linkes Bein und durch den Rest Ihres Körpers (rechtes Bein, Rückseite, Arme, Kopf, Gesicht etc.). Versuchen Sie, den Fokus auf dem Atem und auf die Empfindungen in den einzelnen Regionen zu halten."

Was ist das Ziel dieser Aktivität? Diese Aktivität zielt darauf ab, die Fähigkeit zu verbessern, alle vom Körper gesendeten Signale wahrzunehmen. Das Üben der Wahrnehmung körperlicher Signale in einem entspannten Umfeld macht es einfacher, sich dieser in anspruchsvolleren und stressigen Situationen bewusst zu werden. Dies wiederum macht es einfacher, Emotionen zu identifizieren und zu regulieren. Wenn zum Beispiel ein Athlet feststellen kann, dass seine Herzfrequenz und sein Muskeltonus zunimmt, weil ein Gegner ihn beleidigt hat, könnte er seinen gegenwärtigen Zustand als Wut identifizieren und danach Entspannungstechniken anwenden, um seinen Muskeltonus und seine Herzfrequenz zu senken und dadurch hinderliche körperliche Reaktionen zu verringern oder zu vermeiden.

Wann wurde diese Aktivität erfolgreich absolviert? Diese Aktivität wird erfolgreich umgesetzt, wenn die ausführende Person einen tief entspannten Zustand erreicht und sich mit vollem Bewusstsein auf den jeweiligen Körperteil, der „gescannt" wird, fokussiert.

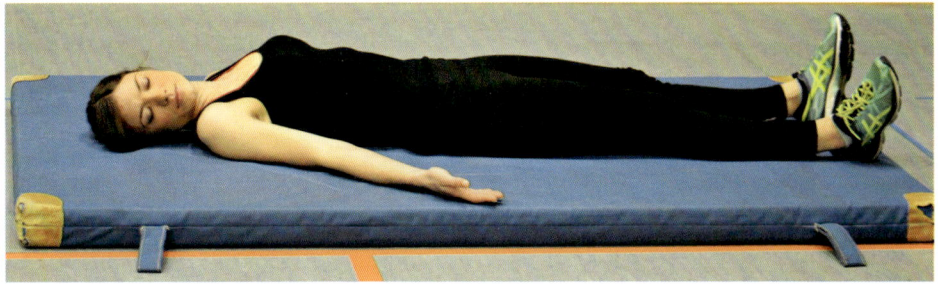

Abb. 18: Eine Teilnehmerin während der Achtsamkeitsübung des Körperscans.

Emotionale Intelligenz im Sport

6.8 AKTIVITÄT „VERKÖRPERTE EMOTIONEN"

Welche emotionalen Kompetenzen werden mit dieser Aktivität trainiert? Verständnis der eigenen Emotionen, Ausdruck der eigenen Emotionen, Nutzen der eigenen Emotionen.

Wie alt sollten Personen sein, mit denen diese Aktivität durchgeführt wird? Geeignet für jede Altersgruppe (Kraft- und Präzisionsübungen werden je nach Altersgruppe angepasst).

Mit wie vielen Personen kann diese Aktivität durchgeführt werden? Kann alleine ausgeführt werden.

Welches Material wird benötigt?

- eine Weichbodenmatte,
- ein Handball (alternativ geht auch ein Fußball),
- Hütchen,
- Gewichte (z. B. ein Gewichtsschlitten/Gymnastikkasten; dies ist allerdings optional),
- ein Tischtennisball,
- ein Löffel und
- ein Flummi.

Wie läuft diese Aktivität ab? Die Aktivität „Verkörperte Emotionen" basiert auf der Erkenntnis, dass unsere körperlichen Zustände mit unseren emotionalen, psychologischen Zuständen zusammenhängen und sie sich wechselseitig beeinflussen. Zunächst versetzen sich Personen in den Zustand „Freude" oder „Ärger", indem sie 20 Sekunden entweder einen extrem freudigen Gesichtsausdruck oder einen extrem verägerten Gesichtsausdruck machen (Studien zum sogenannten *Facial Feedback* zeigen, dass der Ausdruck von Emotionen nicht nur ein Resultat von erlebten Emotionen ist, sondern, auch umgekehrt, emotionale Zustände auslösen kann). Danach wählen sie eine der vier aufgebauten Stationen und versuchen, diese möglichst gut zu absolvieren.

Kraftaufgaben

- **Station 1**: Eine Weichbodenmatte wird hochkant aufgestellt und muss mit einem möglichst kräftigen Handballwurf aus 4 m Entfernung umgeworfen werden (Alternativ auch mit einem Fußballschuss).

- **Station 2**: Sprint mit zusätzlicher Belastung. Bei dieser Aktivität soll man so schnell wie möglich 30 m sprinten. Zusätzliche Belastung kann induziert werden, indem ein Gewicht gezogen wird (z. B. ein Gewichtsschlitten oder ein Gymnastikkasten) oder eine andere Person, die versucht, den sprintenden Teilnehmer zu bremsen.

Präzisionsaufgaben

- **Station 1 Balanceparcours:** Ein Tischtennisball wird in einem Löffel transportiert, während mit der anderen Hand ein Ball geprellt wird. Dabei muss um eine Bank, ein Hütchen und einen Kasten ein 30 m langer Slalomlauf absolviert werden. Wenn der Tischtennisball herunterfällt, muss von vorne angefangen werden.

- **Station 2 Hütchenflummi:** Ein Flummi muss mithilfe eines Hütchens aus 5 m Entfernung an die Wand geschleudert werden und wieder mit dem Hütchen aufgefangen werden. Das muss 10-mal in Folge erfolgreich absolviert werden. Fällt der Ball auf den Boden, wird wieder von vorne angefangen.

Was ist das Ziel dieser Aktivität? Unterschiedliche Emotionen können je nach Aufgabe Leistung fördern oder behindern. Durch körperliche Rückmeldung kann man sich selbst in emotionale Zustände versetzen (bspw., wenn man lächelt, kann Freude induziert werden). Durch *Facial Feedback* soll entweder Ärger oder Freude induziert werden. Anschließend werden koordinative Präzisionsaufgaben oder Kraftaufgaben ausgewählt und ausgeführt. Die Personen sollen an sich selbst erkennen, welche Emotionen ihnen bei der Bewältigung unterschiedlicher Aufgaben dienen oder schaden.

Wann wurde diese Aktivität erfolgreich absolviert? Bei den Kraftübungen: Station 1: Wenn die Weichbodenmatte umfällt (Anzahl des Umfallens kann nach Bedarf variiert werden). Station 2: Wenn der Sprint in einer gewissen Zeit geschafft wird.

Bei den Präzisionsaufgaben: Station 1: Wenn der Parcours ohne Fehler oder in einer gewissen Zeit geschafft wird. Station 2: Wenn 10 sukzessive Pässe gegen die Wand gespielt werden.

In Hinblick auf die emotionalen Kompetenzen sollen die Teilnehmer erkennen, dass die Gesichtsausdrücke, die sie „aufgesetzt" haben, ihr emotionales Erleben und darüber ihre sportliche Leistung in unterschiedlicher Weise beeinflusst haben. Diesen komplexen Zusammenhang zu verstehen, wird durch die eigene Erfahrung erleichtert.

Welche Variationsmöglichkeiten dieser Aktivität gibt es? Die Kraft- und Präzisionsübungen können beliebig ausgetauscht und variiert werden. Es sind auch andere Emotionsinduktionsmöglichkeiten vorstellbar (z. B. Erinnern von persönlichen Erfahrungen, die einen verärgert oder glücklich gemacht haben).

6.9 AKTIVITÄT „EMOTIONSZEITREISE"

Welche emotionalen Kompetenzen werden mit dieser Aktivität trainiert? Identifikation der Emotionen anderer, Ausdruck der Emotionen anderer.

Wie alt sollten Personen sein, mit denen diese Aktivität durchgeführt wird? Jede Altersgruppe

Mit wie vielen Personen kann diese Aktivität durchgeführt werden? > 2, die Durchführung erfolgt in Partner- oder Gruppenübungen.

Welches Material wird benötigt? Für diese Aktivität wird kein zusätzliches Material benötigt.

Wie läuft diese Aktivität ab? Die Aktivität „Emotionszeitreise" fördert eine möglichst detaillierte Erinnerung an emotionale Erlebnisse. Dabei sitzen sich Personen gegenüber und erzählen sich gegenseitig etwas. Person A fängt an und versucht, sich so lebhaft wie möglich an ein Ereignis zu erinnern, das einen starken emotionalen Zustand ausgelöst hat. Die Augen sind dabei geschlossen. Es wird versucht, sich so viele Details wie möglich lebhaft vor Augen zu führen. Die andere Person versucht, Person A so genau wie möglich zu beobachten und anhand von körperlichen Reaktionen auf den emotionalen Zustand der Person zu schließen. Gelingt dies im ersten Schritt nicht, soll Person A sich die Situation nochmals vorstellen und die Gesichtsausdrücke, die mit den emotionalen Situationen assoziiert sind, ausdrücken. Nach dem erfolgreichen Benennen der erlebten Emotion durch den Partner werden die Rollen getauscht.

Was ist das Ziel dieser Aktivität? Die Personen müssen sich an emotionale Ereignisse im Sport (oder im sonstigen Leben) erinnern, während der Partner versucht, anhand körperlicher Reaktionen zu erkennen, an welche emotionalen Zustände die Person sich gerade erinnert.

Wann wurde diese Aktivität erfolgreich absolviert? Die Aktivität ist erfolgreich, wenn Person B den emotionalen Zustand von Person A richtig benennt.

6.9.1 VARIATION: „EMOTIONALE IMAGINATION"

Eine Variationsmöglichkeit der „Emotionszeitreise" besteht darin, statt des Erinnerns emotionaler Ereignisse die Aktivität mit emotionaler Imagination durchzuführen. Das heißt, dass sich Person A nicht an vergangene Ereignisse erinnert, sondern sich vorstellt, wie sie sich fühlt, wenn sie beispielsweise ein wichtiges Ziel erreicht, auf das sie aktuell hinarbeitet.

Abb. 19: Ein angeregtes Gespräch zwischen zwei Teilnehmerinnen während der „Emotionszeitreise"

6.10 AKTIVITÄT „POWERPOSEN"

Welche emotionalen Kompetenzen werden mit dieser Aktivität trainiert? Ausdruck der eigenen Emotionen, Regulation der eigenen Emotionen.

Wie alt sollten Personen sein, mit denen diese Aktivität durchgeführt wird? Jede Altersgruppe

Mit wie vielen Personen kann diese Aktivität durchgeführt werden? Jede Gruppengröße

Welches Material wird benötigt? Benötigt wird hier ein Handball oder ein anderer Ball dieser Größenordnung, der sich zum Passen eignet.

Was ist der wissenschaftliche Hintergrund dieser Aktivität? Unsere Körpersprache beeinflusst sowohl unsere Physiologie als auch unsere Leistung. US-amerikanische Psychologen [38] fanden heraus, dass die Durchführung von Powerposen (Abb. 20, Abb. 21, Abb. 22), d. h. von raumeinnehmenden Körperpositionen, bei denen man sich groß macht, für zwei Minuten zu erhöhtem Testosteron und vermindertem Kortisolspiegel führten.

Sie fanden auch eine erhöhte Toleranz gegenüber Gefahren und Machtgefühlen im Vergleich zu Haltungen, die durch eine geschlossene Körperhaltung gekennzeichnet sind. In einer weiteren Studie fanden Psychologen heraus, dass Powerposen auch die Leistung erhöhen können [38].

Abb. 20: Ein Teilnehmer in seiner „Powerpose"

Powerposing ist eine Technik, die bereits erfolgreich von Sportpsychologen mit Athleten eingesetzt wird. In der Sportpraxis kann Powerposing in das Warm-up oder in Pausen integriert werden, sowohl offen auf dem Feld als auch privat in den Umkleideräumen. Außerdem kann Powerposen als Teil einer Routine zur Förderung der Konzentration eingebaut werden, z. B. in Stresssituationen, wie der Elfmetervorbereitung.

Wie läuft diese Aktivität ab? Bei der Aktivität wird die Gruppe in zwei Teams aufgeteilt. Die Teams haben die Aufgabe, 10 Pässe (mit Hand oder Fuß) hintereinander zu erzielen, ohne den Ball zu verlieren. Personen, die nicht in Ballbesitz sind, müssen vor der Ballannahme eine bestimmte Powerpose ausführen, die jeder individuell wählen kann. Dabei wird ein Pass nur gezählt, wenn die Person, die den Ball erhält, bis unmittelbar vor Ballannahme ihre Powerpose ausgeführt hat. Die Teams bekommen einen Punkt, wenn sie 10 Pässe erzielt haben. Nach jedem Punktgewinn sollen die Spieler gemeinsam ein „Feierritual" ausführen, wie z. B. das Transportieren eines Mitspielers auf den Schultern.

Das gesamte Spiel endet nach einer bestimmten Dauer oder nach einer festgelegten Anzahl von Punkten.

Zusätzlich werden die Teilnehmer während des Spiels angewiesen, eine Powerpose auszuführen, wenn das Spiel unterbrochen wird, z. B. wenn der Ball im Aus ist oder der Trainer taktische Anweisungen gibt. Außerdem sollte der Anleitende beachten, wie sich die Personen verhalten, nachdem sie einen Fehler gemacht haben. Wenn sich jemand in einer schwachen Pose befindet, sollten sie ihre Haltung wieder in eine starke Pose verwandeln. Sofern ein Spieler länger als fünf Sekunden in einer schwachen Pose bleibt, verliert das Team einen Punkt.

Abb. 21: Das „Gruppen-Powerposen"

Was ist das Ziel dieser Aktivität? Ein Ziel der Aktivität ist es, verschiedene Powerposen einzuführen und zu praktizieren. Ein weiteres Ziel der Aktivität ist, die gelernten Powerposen so weit zu automatisieren, dass die Athleten während eines Wettkampfs unbewusst darauf zurückgreifen. Gleichzeitig werden die Athleten auf Posen aufmerksam gemacht und ermutigt, ihre Körperhaltung zu ändern, wann immer ihnen bewusst wird, dass sie in alte Gewohnheiten zurückgefallen sind.

Wann wurde diese Aktivität erfolgreich absolviert? Die Aktivität gilt als erfolgreich, wenn sich Athleten des Unterschieds zwischen „Powerposen" und „Low-Power-Posen" bewusst sind. Darüber hinaus sollten sie in der Lage sein, zu erkennen, wenn sie sich in einer „Low-Power-Pose" befinden und ihre Körpersprache in Richtung einer „Powerpose" ändern.

Abb. 22: Eine Teilnehmerin in ihrer „Powerpose".

6.10.1 VARIATION: „SELBSTVERTRAUEN ZEIGEN"

Bei der Variation „Selbstvertrauen zeigen" sollen die Teilnehmer üben, ihre eigene Selbstsicherheit und ihr Selbstvertrauen zu vermitteln. Dazu sollen die Teilnehmer sich aufrecht hinstellen und einen Punkt auf Augenhöhe fixieren. Dies soll dazu dienen, dass die Teilnehmer aufrechte und entschlossene Positionen einnehmen und auch einhalten. Dabei kann es sinnvoll sein, den Teilnehmern vorzugeben, dass sie sich ihre Körperhaltung, das Gefühl in ihrem Körper und die Wirkung auf ihren emotionalen Zustand gut einprägen sollen. Dies kann es erleichtern, die positiven Effekte der Aktivität auch im Wettkampf hervorzurufen.

6.11 AKTIVITÄT „VERTRAUEN AUFBAUEN"

Welche emotionalen Kompetenzen werden mit dieser Aktivität trainiert? Identifikation der eigenen Emotionen und der Emotionen anderer, Verständnis der eigenen Emotionen und der Emotionen anderer, Regulation der eigenen Emotionen und der Emotionen anderer.

Wie alt sollten Personen sein, mit denen diese Aktivität durchgeführt wird? > 10 Jahren

Mit wie vielen Personen kann diese Aktivität durchgeführt werden? > 5

Welches Material wird benötigt? Hier ist kein spezifisches Material erforderlich.

Wie läuft diese Aktivität ab? Bei der Aktivität „Vertrauen aufbauen" wird eine Person von der Gruppe in Teamarbeit in die Höhe gehoben, zusätzlich dreht sich die Gruppe mit der getragenen Person einmal im Kreis. Die Gruppe kann sich dabei frei im Feld bewegen. Die Aufgabe der Gruppe ist es, der getragenen Person Sicherheit zu geben und auf ihre Anweisungen zu achten, aber auch ihr emotionales Erleben wahrzunehmen.

Wichtig bei dieser Übung ist es, die Freiwilligkeit des Hochhebens explizit zu betonen. Außerdem sollte die anleitende Person die Möglichkeit geben, dass individuelle Personen Zweifel besprechen oder spezifische Anweisungen an die Gruppe geben können, um sich so sicherer zu fühlen. Im Anschluss an die Aktivität sollte eine gezielte Reflexion durchgeführt werden, bei der auf das individuelle Empfinden als getragene und tragende Person eingegangen wird.

Was ist das Ziel dieser Aktivität? Das Ziel dieser Aktivität ist es, Berührungsängste abund Vertrauen aufzubauen. Außerdem sollte man die eigenen Gefühle identifizieren, während man selbst hochgehoben wird bzw. die Gefühle der jeweiligen Person identifizieren, die hochgehoben wird.

Wann wurde diese Aktivität erfolgreich absolviert? Die Aktivität ist als erfolgreich anzusehen, wenn sich jede Person traut, von der Gruppe hochgehoben zu werden und die Gruppe es schafft, der Person ein sicheres Gefühl zu geben.

Emotionale Intelligenz im Sport

Abb. 23: Leicht wie eine Feder lässt sich die Teilnehmerin von den anderen Teilnehmern während der Aktivität „Vertrauen aufbauen" in die Luft heben.

6.11.1 VARIATION: „SICH FALLEN LASSEN"

Welche emotionalen Kompetenzen werden mit dieser Aktivität trainiert? Identifikation der eigenen Emotionen und der Emotionen anderer, Verständnis der eigenen Emotionen und der Emotionen anderer, Regulation der eigenen Emotionen und der Emotionen anderer.

Wie alt sollten Personen sein, mit denen diese Aktivität durchgeführt wird? > 10 Jahre

Mit wie vielen Personen kann diese Aktivität durchgeführt werden? > 5

Welches Material wird benötigt? Es wird eine Erhöhung, wie z. B. ein großer Kasten, sowie eine Matte benötigt.

Wie läuft diese Aktivität ab? Bei der Variation „Sich fallen lassen" handelt es sich ebenfalls um eine Vertrauensübung. Dabei lässt sich eine Person von einer Erhöhung rückwärts in die Arme der Gruppe fallen. Die Aufgabe der Gruppe ist es, sicherzustellen, dass die Landung der jeweiligen Person sicher ist. Als Vorsichtsmaßnahme sollte diese Aktivität immer auf einer Matte als zusätzliche Sicherung durchgeführt werden. Auch bei dieser Vertrauensübung sollte am Ende der Übung Zeit zur Reflexion eingeplant werden.

Was ist das Ziel dieser Aktivität? Abgesehen davon, dass sich diese Aktivität sehr gut als Teambuildingmaßnahme zum Gewinnen von Vertrauen eignet, bietet sie sich an, um zu lernen, die eigenen Emotionen zu identifizieren und zu regulieren.

Wann wurde diese Aktivität erfolgreich absolviert? Die Aktivität ist ein Erfolg, wenn die jeweilige Person ihre Angst überwindet, sich mit Körperspannung fallen lässt und sicher in den Armen der Gruppe landet. Die Gruppe hat dabei selbst eine Strategie zu entwickeln, wie sie die Person am sichersten auffangen kann, beispielsweise durch Mehrfachkreuzung der Arme.

Welche Variationsmöglichkeiten dieser Aktivität gibt es? Als Vorübung eignet es sich, partnerweise zusammen zu gehen, sich hintereinander aufzustellen und Partner A wird von Partner B sicher aufgefangen, sobald er sich gerade nach hinten fallen lässt. Als Variation der eigentlichen Aktivität kann die Höhe verändert werden.

Abb. 24: Die Teilnehmer kreuzen ihre Arme untereinander, um so den mutigen Springer sicher aufzufangen.

6.12 AKTIVITÄT „TEAMBUILDING"

Welche emotionalen Kompetenzen werden mit dieser Aktivität trainiert? Ausdruck der eigenen Emotionen, Regulation der Emotionen anderer, Nutzen der Emotionen anderer.

Wie alt sollten Personen sein, mit denen diese Aktivität durchgeführt wird? Jede Altersgruppe

Mit wie vielen Personen kann diese Aktivität durchgeführt werden? > 2

Welches Material wird benötigt? Bei dieser Übung ist kein zusätzliches Material erforderlich.

Wie läuft diese Aktivität ab? Diese Aktivität kann in jeglicher Art von Übung innerhalb einer Trainingseinheit eingebaut werden. Der Trainer kann bewusst vorgeben, dass sich gegenseitig gelobt wird. Immer wenn ein Teamkollege eine Aufgabe erfolgreich durchführt, belohnen seine Teamkollegen ihn durch körperliche Gesten, etwa einen Daumen hochhalten oder ein High-Five.

Was ist das Ziel dieser Aktivität? Diese Aktivität (in Anlehnung an [39]) zeigte, dass Gesten und körperliche Signale – wie High-Five – motivierender als verbales Lob wirken und zielen daher darauf ab, die Teamkollegen und deren emotionalen Zustand durch ein einfaches, gestisches Lob positiv zu beeinflussen. Die Idee hinter dieser Aktivität ist es, ein positives Verhalten durch Gesten und Berührung zu verstärken und die Emotionen in anderen Menschen zu nutzen, um die Motivation, Lernen, Selbstvertrauen und soziale Unterstützung und darüber die sportliche Leistung zu fördern. Die Übung soll die Automatisierung dieses Verhaltens fördern und dadurch helfen, ein positives emotionales Klima innerhalb des Teams zu schaffen.

Wann wurde diese Aktivität erfolgreich absolviert? Diese Aktivität ist ein Erfolg, wenn der Trainer bemerkt, dass sich die Athleten nach einer erfolgreichen Aufgabenbewältigung positives Feedback geben. Außerdem sollten die Teammitglieder sich der positiven emotionalen und leistungsförderlichen Wirkung von Lob bewusst werden. Langfristig kann man die Aktivität als erfolgreich betrachten, wenn die Teammitglieder sich gegenseitig loben, wenn sie etwas gut gemacht haben, ohne dass es ihre explizite Aufgabe oder Vorgabe vom Trainer ist.

Aktivitäten zum Training *emotionaler Intelligenz*

6.12.1 VARIATION: „ZEIGE MIR, DASS ICH AUF DICH ZÄHLEN KANN"

Welche emotionalen Kompetenzen werden mit dieser Aktivität trainiert? Verständnis der eigenen Emotionen und der Emotionen anderer, Regulation der eigenen Emotionen und der Emotionen anderer, Nutzen der eigenen Emotionen und der Emotionen anderer.

Wie alt sollten Personen sein, mit denen diese Aktivität durchgeführt wird? > 10 Jahre

Mit wie vielen Personen kann diese Aktivität durchgeführt werden? > 4

Welches Material wird benötigt? Für die eigentliche Aktivität wird kein Equipment benötigt, als Ergänzung eignet sich hier allerdings der Debriefingbogen.

Wie läuft diese Aktivität ab? Bei der Aktivität „Zeige mir, dass ich auf dich zählen kann" geht es darum, ein gutes Gefühl für die emotionalen Zustände der eigenen Teammitglieder zu bekommen. Diese Aktivität kann in jede Trainingseinheit integriert werden, bei der zwei Mannschaften gegeneinander antreten und bei der es klare Erfolgs- und Fehlerkriterien gibt.

Abb. 25: Eine Teilnehmerin baut ihre Kameradin, nachdem diese einem Fehler gemacht hat, mit tröstenden Worten wieder auf.

Dabei ist es die Aufgabe der Teilnehmer, ihre Teamkollegen positiv zu unterstützen, wenn sie etwas gut gemacht haben und Mitgefühl auszudrücken, wenn etwas nicht so gelaufen ist. Dabei können die Personen ihre Teammitglieder durch verbale Äußerungen motivieren, z. B.: „Abhaken, vergiss den Ball", „Konzentriere dich auf die nächste Aktion", „Keine Sorge, beim nächsten Mal wirst du es besser machen", oder durch Gesten, wie z. B. die Hand auf die Schulter legen oder High-Fives geben.

Am Ende der Aktivität ist es wichtig, dass sich darüber ausgetauscht wird, was von dem unterstützenden Verhalten wahrgenommen wurde. Wie wurden die Unterstützungsversuche wahrgenommen? Was wurde positiv, was eher negativ empfunden? Hat sich etwas in der Gefühlslage geändert? Hat es sich auf die Leistung ausgewirkt? Auch hier bietet sich wieder der Debriefingbogen als Ergänzung an. Falls die Teilnehmer keine Erfolge bemerkt haben, wird durch ein Gespräch versucht, zu erfahren, welche Art der Unterstützung sie sich in der Situation gewünscht hätten.

Was ist das Ziel dieser Aktivität? Das Ziel dieser Aktivität ist es, zu lernen und zu verstehen, wie sich andere fühlen, nachdem etwas gelungen oder nicht gelungen ist und dementsprechend Unterstützung anzubieten.

Wann wurde diese Aktivität erfolgreich absolviert? Die Aktivität gilt dann als erfolgreich, wenn die Teilnehmer mit der Art und Weise der Unterstützung während der Aktivität zufrieden sind, sich unterstützt fühlen und eventuell eine positive Auswirkung auf ihre Leistung feststellen.

Welche Variationsmöglichkeiten dieser Aktivität gibt es? Eine Variationsmöglichkeit der Aktivität ist es, das Team für den Fall von Erfolg und Misserfolg individuell entscheiden zu lassen, welches Unterstützungsverhalten sie für angemessen in dieser Situation erachten.

6.12.2 VARIATION: „WIR-GEFÜHL FÖRDERN"

Welche emotionalen Kompetenzen werden mit dieser Aktivität trainiert? Regulation der eigenen Emotionen und der Emotionen anderer, Nutzen der eigenen Emotionen und der Emotionen anderer.

Wie alt sollten Personen sein, mit denen diese Aktivität durchgeführt wird? > 6 Jahre

Mit wie vielen Personen kann diese Aktivität durchgeführt werden? Jede Gruppengröße

Welches Material wird benötigt? Für die eigentliche Aktivität wird kein Material benötigt.

Wie läuft diese Aktivität ab? Bei der Aktivität steht die Förderung des Wir-Gefühls im Vordergrund. Dabei kann das Team über diverse Themen, die sie für förderlich für das Wir-Gefühl innerhalb der Mannschaft ansehen, diskutieren, wie z. B. ein gemeinsames Teamlogo, ein motivierender Wettkampfschrei oder ein Teamlied. Aus dem Prozess, in dem dies gemeinsam entwickelt wird, können eine Teamidentität und positive Emotionen, bezogen auf das Team, entstehen, was sich positiv auf den Teamzusammenhalt und das Teamzugehörigkeitsgefühl auswirken kann.

Weitere Möglichkeiten, mit denen sich das Team beschäftigen könnte, sind folgende:

- Musik,
- Zitat,
- Motto,
- Bild sowie
- tierische Metapher.

Die gemeinsam festgelegten, positiven Teamsymbole können dann im weiteren Verlauf im Training, aber auch vor, während und nach dem Wettbewerb in Erinnerung gerufen werden, um den Zusammenhalt zu stärken. Das Team sollte sich außerdem regelmäßig fragen, ob die Symbole noch passen, verändert oder auch ersetzt werden sollten, um gut zum Team zu passen.

Was ist das Ziel dieser Aktivität? Das Ziel des Teambuildings ist die Schaffung von positiven Emotionen innerhalb einer Gruppe durch die Entwicklung und Festlegung gemeinsamer Symbole, die für den Mannschaftszusammenhalt stehen.

Wann wurde diese Aktivität erfolgreich absolviert? Die Aktivität gilt als erfolgreich, wenn die Mitglieder des Teams mit den gewählten Symbolen zufrieden sind oder sie als gemeinsames Produkt der Mannschaft akzeptieren. Im Verlauf des Prozesses können die einzelnen Teammitglieder lernen, ihre eigenen Emotionen zu regulieren und auch auf die Emotionen der anderen einzugehen.

6.13 AKTIVITÄT „SEILTANZ"

Welche emotionalen Kompetenzen werden mit dieser Aktivität trainiert? Regulation der eigenen Emotionen und der Emotionen anderer.

Wie alt sollten Personen sein, mit denen diese Aktivität durchgeführt wird? Jede Altersgruppe

Mit wie vielen Personen kann diese Aktivität durchgeführt werden? 8-40

Welches Material wird benötigt?

Pro Team (bestehend aus acht Personen):

- vier Sprungseile,
- ein Hockeyball (alternativ geht auch ein Tennisball oder Ähnliches).

Wie läuft diese Aktivität ab? Bei der Aktivität „Seiltanz" handelt es sich um ein Geschicklichkeitsspiel. Es werden Mannschaften mit je acht Teilnehmern gebildet. Jede Mannschaft bekommt vier Sprungseile und einen Hockeyball (alternativ kann auch ein Tennisball oder Ähnliches verwendet werden).

Die Mannschaften stehen an einer Seite des Basketballfeldes und müssen versuchen, gemeinsam den Hockeyball mithilfe der Seile auf die andere Seite des Basketballfeldes zu transportieren. Hierzu muss der Ball auf den Seilen balanciert werden. Außerdem darf jede Person ein Seil nur einmal an dem jeweiligen Ende berühren. Der Ball darf nur am Anfang hinter der Startlinie berührt werden. Sobald die Startlinie überquert ist, darf der Ball außer mit den Seilen nicht mehr berührt werden. Fällt der Ball innerhalb des Basketballfeldes auf den Boden, muss wieder von vorne angefangen werden.

Der Ball wird transportiert, indem alle acht Teilnehmer die Seile auf Spannung bringen, sodass der Ball auf den Seilen stabilisiert wird und in der Luft transportiert werden kann (Abb. 26, Abb. 27). Jede kleine Bewegung eines einzelnen Teilnehmers kann dazu führen, dass der Ball auf den Boden fällt. Jeder muss sich also stark konzentrieren und ruhig bleiben, da der Ball sonst auf den Boden fällt und somit alle wieder von vorne anfangen müssen. Die Anzahl der Seile und der Personen pro Team kann variiert werden.

Was ist das Ziel dieser Aktivität? Die Personen müssen ihre Emotionen regulieren und aufeinander abstimmen.

Aktivitäten zum Training *emotionaler Intelligenz*

Wann wurde diese Aktivität erfolgreich absolviert? Die Aktivität ist erfolgreich, wenn der Ball in der Luft auf die andere Seite des Basketballfeldes transportiert worden ist, ohne dass er von etwas anderem als den Seilen berührt wurde. Sie kann auch als Wettkampf gegen andere Mannschaften durchgeführt werden.

Abb. 26: Höchst konzentriert versuchen die Teilnehmer den auf den Seilen tanzenden Ball auf die andere Seite der Halle zu befördern.

Abb. 27: Die Seile müssen immer unter Spannung gehalten werden, damit der Ball auch weiter auf ihnen tanzen kann.

6.14 AKTIVITÄT „DIE VERSTÄRKENDE ZITATESTAFFEL"

Welche emotionalen Kompetenzen werden mit dieser Aktivität trainiert? Verständnis der eigenen Emotionen und der Emotionen anderer, Regulation der eigenen Emotionen und der Emotionen anderer, Nutzen der eigenen Emotionen und der Emotionen anderer.

Wie alt sollten Personen sein, mit denen diese Aktivität durchgeführt wird? > 10 Jahre

Mit wie vielen Personen kann diese Aktivität durchgeführt werden? Beliebig, einige Elemente der Aktivität können auch alleine realisiert werden.

Welches Material wird benötigt? Karten (Karteikarten o. Ä.), auf die in einem ersten Schritt motivierende Zitate geschrieben werden sollen. Jede Person soll bis zu fünf davon vorbereiten.

Wie läuft diese Aktivität ab? Die Aktivität zielt auf die Emotionalisierung der beteiligten Personen ab. Die Durchführung der „Zitatestaffel" unterteilt sich in mehrere Phasen.

In der ersten Phase sollen die Athleten alleine bis zu fünf Karten mit motivierenden Zitaten vorbereiten. Dazu können sie Zeitschriften, Bücher oder das Internet benutzen. Es sollte sich hier um kurze Zitate handeln, sodass man sich diese einfacher merken kann.

In der zweiten Phase wird die Gruppe in zwei Teams aufgeteilt. Jede Person nimmt eine Karte. Die Aufgabe ist nun, eine Kette von „pushenden Zitaten" aufzubauen.

- Jedes Team reiht sich hintereinander auf. Der erste Spieler des Teams rennt vom festgelegten Start zum festgelegten Ziel und sprintet dann wieder zu seinem Team. Während dies gemacht wird, soll der Spieler sein Zitat still im Kopf aufsagen.

- Um dem nächsten Spieler (2) die Staffel zu übergeben, muss der Spieler (1) diesem sein Zitat erzählen. Der nächste Spieler (2) muss ihm mit seinem Zitat antworten. Spieler 2 wiederholt innerlich sein Zitat, während er die Strecke rennt.

- Um dem nächsten Spieler (3) die Staffel zu übergeben, muss der Spieler (2) diesem sein Zitat mitteilen. Der Spieler (3) antwortet ihm mit seinem Zitat.

- Diese Übertragung kann nur dann realisiert werden, wenn die Spieler sowohl Blick- als auch Körperkontakt (in Form von Handberührungen) während des Wechsels halten. Dies ist motivationsfördernd.

Die Athleten können je nach Gruppenmitgliederanzahl und der verfügbaren Zeit mehrmals (jeweils mit einem neuen Zitat) antreten.

Was ist das Ziel dieser Aktivität? Das Ziel dieser Aktivität ist es, durch eine Art emotionaler Selbstgesprächsregulation Einfluss auf das eigene emotionale Erleben zu nehmen. Dieses soll durch die motivierenden Zitate positiver werden. Außerdem könnte es zu länger anhaltenden positiven Effekten kommen, wenn die Personen ihre individuellen Zitate in Routinen einbauen und diese dadurch systematisch zur Emotionsregulation nutzen.

Wann wurde diese Aktivität erfolgreich absolviert? Die Aktivität ist ein Erfolg, wenn jede Person Zitate kennengelernt hat, die sie persönlich als hilfreich erachtet, um ihr emotionales Erleben zu regulieren. Besonders gut wäre es, wenn die Personen nach der Absolvierung der „Zitatestaffel" einzelne Zitate in ihre Selbstgesprächsregulation einbauen oder als Teil einer Routine integrieren.

6.14.1 VARIATION: „30-TAGE-ZITATE-CHALLENGE"

Um verschiedene motivierende Zitate präsent zu behalten, gibt es die „30-Tage-Zitat-Challenge": Jeden Morgen wird auf ein Post-it® ein Zitat geschrieben, das einen während des Tages begleitet.

Jedes Training wird dabei mit einem bestimmten Zitat im Kopf absolviert (es sollte besser ein kurzes Zitat sein) und sollte jedes Mal, wenn ein bestimmter Auslösereiz (Trigger) erscheint, vor dem inneren Auge abgespielt werden.

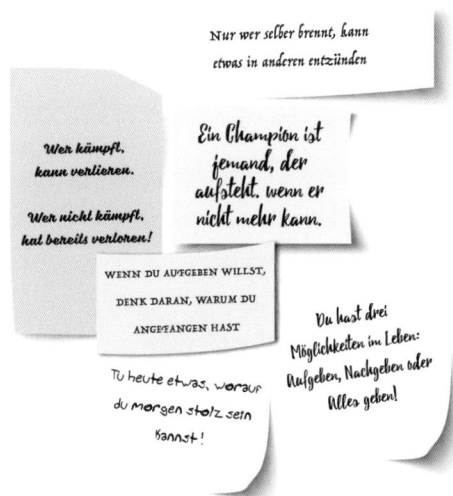

Abb. 28: Post-its mit motivierenden Zitaten für den Tag

6.15 AKTIVITÄT „PEPTALK"

Welche emotionalen Kompetenzen werden mit dieser Aktivität trainiert? Regulation der eigenen Emotionen und der Emotionen anderer, Nutzen der eigenen Emotionen und der Emotionen anderer.

Wie alt sollten Personen sein, mit denen diese Aktivität durchgeführt wird? > 15 Jahre (exklusiv motivierend gegenseitig: > 5 Jahre).

Mit wie vielen Personen kann diese Aktivität durchgeführt werden? 2-3

Welches Material wird benötigt? Hier wird kein zusätzliches Material benötigt.

Wie läuft diese Aktivität ab? Bei der Aktivität „Peptalk" geht es darum, die eigenen Teamkollegen zu motivieren. 2-3 Personen bilden eine Gruppe. Eine von ihnen soll eine Aufgabe durchführen. Bevor sie anfängt, geben ihr die anderen beiden einen Peptalk und erzählen ihr, warum sie eine hervorragende Leistung erbringen wird. Sie soll dann diese induzierten Emotionen nutzen, um ihre Leistung zu erhöhen. Die Personen bekommen nach und nach ein Gefühl dafür, was sie sagen oder machen müssen, um die gewünschten Emotionen hervorzurufen.

Was ist das Ziel dieser Aktivität? Das Ziel der Aktivität ist es, die Emotionen zu nutzen, die durch den „Peptalk" der Teamkollegen hervorgerufen werden, um die Leistung in der folgenden Aufgabe zu erhöhen.

Abb. 29: Ein Trainer und sein Spieler während eines „Peptalks"

Wann wurde diese Aktivität erfolgreich absolviert? Die Aktivität ist ein Erfolg, wenn die Person sich besser fühlt, mehr Selbstvertrauen hat und eventuell in der Lage ist, ihre Leistung zu steigern.

6.15.1 VARIATION: „NEGATIVER PEPTALK"

Bei älteren Personen, die bereits mit dem positiven Pepgespräch gearbeitet haben, könnte es hilfreich sein, ein „negatives Pepgespräch" zu geben. Das heißt, der Person werden Kritik und Beleidigungen an den Kopf geworfen, wie es negativ eingestellte Fans oder gegnerische Spieler im Wettkampf auch tun könnten. Der „Peptalk" soll dann dazu genutzt werden, dieses Szenario zu üben, sich in die Situation hineinzuversetzen und die eigenen Emotionen möglichst so zu regulieren, dass die eigene Leistung gesteigert werden kann.

6.16 AKTIVITÄT „EMOTIONSVIRUS"

Welche emotionalen Kompetenzen werden mit dieser Aktivität trainiert? Regulation der eigenen Emotionen und der Emotionen anderer.

Wie alt sollten Personen sein, mit denen diese Aktivität durchgeführt wird? > 15 Jahre

Mit wie vielen Personen kann diese Aktivität durchgeführt werden? 10-20

Welches Material wird benötigt? Erforderlich ist ein Ball, der sich zum Passen eignet.

Wie läuft diese Aktivität ab? Die Aktivität „Emotionsvirus" basiert auf der Idee der emotionalen Ansteckung. Dazu teilt sich die Gruppe in zwei Mannschaften auf, die Parteiball mit einem direkten Gegner (Manndeckung) spielen. Die Aufgabe von Team A ist es, negativ, wütend, provokativ und aggressiv (aber vernünftig) zu handeln und mindestens einen Gegenspieler zu verleiten („anzustecken"), sich selbst auf irgendeine Art und Weise negativ zu verhalten.

Aufgabe von Team B ist es, positiv, glücklich, freundlich und kooperativ zu handeln und mindestens einen Gegenspieler zu verleiten, sich selbst auf irgendeine Art und Weise positiv zu verhalten. Nach 10-15 Minuten wechseln die Teams die Rollen. Sobald das Spiel vorbei ist, sollen die Spieler sich über die Erfahrung austauschen. Wie war es, positiv/negativ zu agieren? Wie war es, gegen einen positiv/negativ eingestellten Gegner zu spielen?

Was ist das Ziel dieser Aktivität? Das Ziel dieser Aktivität ist es, den gegnerischen Spieler mit dem eigenen Gefühl zu „infizieren". Außerdem soll das Bewusstsein dafür trainiert werden wie sich der emotionale Zustand der eigenen Mannschaft, aber auch der Gegenspieler, auf den eigenen Zustand auswirkt und welche Folgen damit für die individuelle Spielweise und infolgedessen womöglich für die sportliche Leistungsfähigkeit verbunden sind.

Wann wurde diese Aktivität erfolgreich absolviert? Die Aktivität „Emotionsvirus" ist ein Erfolg, wenn die Personen in ihrer individuellen Rolle aufgehen.

Welche Variationsmöglichkeiten dieser Aktivität gibt es? Wenn die Gruppe groß genug ist, kann eine dritte, neutrale Gruppe mitspielen.

Abb. 30: Die Teilnehmer versuchen, sich gegenseitig mit ihren Emotionen anzustecken.

6.17 AKTIVITÄT „EMOTIONS-MEMORY®"

Welche emotionalen Kompetenzen werden mit dieser Aktivität trainiert? Identifikation der Emotionen anderer, Ausdruck der eigenen Emotionen.

Wie alt sollten Personen sein, mit denen diese Aktivität durchgeführt wird? Jede Altersgruppe

Mit wie vielen Personen kann diese Aktivität durchgeführt werden? > 4

Welches Material wird benötigt? Hier wird ein Memory®-Spiel mit Emotionskarten benötigt, welches Sie ganz einfach selbst anfertigen können.

Wie läuft diese Aktivität ab? Die Aktivität „Emotions-Memory®" basiert auf der Idee des klassischen Memory®-Spiels. Für „Emotions-Memory®" benötigt man allerdings Memory®-Karten mit emotionalen Ausdrücken. Dabei kann es sich um Gesichtsausdrücke, Körperausdrücke oder auch verbale Äußerungen oder mit Emotionen assoziierte körperliche, physiologische Zustände (z. B. Herzklopfen) handeln.

„Emotions-Memory®" im sportlichen Kontext läuft wie folgt ab: Die Personen sind in zwei Teams aufgeteilt und stehen in der Mitte eines abgesteckten Feldes. In jeder Ecke des Feldes werden Karten umgedreht (siehe Abb. 31). Der Trainer gibt dann den Teams vor, welche Gefühle zu suchen sind, und die Spieler führen einen Staffellauf aus, um die einzelnen Karten zu finden und in die Mitte zurückzukehren.

Zum Beispiel beginnt Person A und läuft auf eine der Ecken zu, schaut sich eine Karte an und nimmt sie mit, wenn es eine der Emotionen ist, die das Team sammeln soll oder legt die Karte zurück, wenn dies nicht der Fall ist. Sie kehrt zu ihren Teamkollegen zurück und gibt Person B ein „High-Five", die dann an der Reihe ist.

Das Team, das zuerst alle „richtigen" Emotionen gesammelt hat, gewinnt. Daher ist es wichtig, eine ungleichmäßige Menge von Emotionspaaren vorzubereiten. Während Team 1 noch nach dem Gesichtsausdruck des Glücks sucht, sucht Team 2 bereits nach den Karten der zweiten Emotion. Je nach Variation kann diese Aktivität als eigene Übung genutzt oder als Teil des Aufwärmens integriert werden.

Auch verschiedene körperliche Aufgaben, wie Koordination, Kraft oder technische Anforderungen, können mit der zentralen Aufgabe des „Emotions-Memory®" verbunden werden. Dabei kann man abhängig von Sportart, Zielgruppe und zeitlichem Rahmen unterschiedliche motorische Aufgaben einbinden, z. B. könnten im Sportunterricht verschiedene Hindernisse eingeführt werden, um unterschiedliche Bewegungsmuster zu erzwingen (1. Koordinationspfeiler, 2. Kegelspinne, 3. Hürden, 4. Kampf gegen einen Spieler des gegnerischen Teams, nur wenn die Person an ihm vorbeikommt, darf sie eine Karte nehmen).

Was ist das Ziel dieser Aktivität? Diese Aktivität wurde von einem Teil des Trainings der *emotionalen Intelligenz* abgeleitet, das in einem sportlichen Kontext schon verwendet wurde [40]. Das Ziel dieser Aktivität ist es, die Fähigkeit der Person, Emotionen zu erkennen, auch unter Druck aufrechtzuerhalten. Druck wird in dieser Aktivität durch den Wettstreit der beiden Teams induziert, wodurch Zeit- und gegebenenfalls auch sozialer Druck entstehen kann.

Wann wurde diese Aktivität erfolgreich absolviert? Die Aktivität war erfolgreich, wenn die Spieler in der Lage sind, die Emotionen korrekt zu identifizieren, z. B. sammeln sie keine Glückskarte, wenn es ihre Aufgabe ist, die Wutkarten zu suchen. Ein weiteres Erfolgskriterium für eine der Variationen ist die Fähigkeit der Person, die spezielle Emotion auszudrücken, sodass die anderen in der Lage sind, sie richtig zu identifizieren.

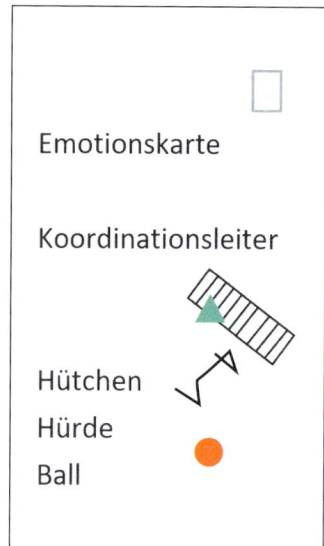

Abb. 31: Schematischer Aufbau des „Emotions- Memory®"

6.17.1 VARIATION: „EMOTIONS-MEMORY® MIT MIMIK"

Als Variation der Aktivität sollen die Kinder, ohne dass der Trainer eine Emotion ansagt, mit der ersten aufgedeckten Emotionskarte die entsprechende Emotion vormachen. Die Aufgabe des Teams ist es, die Emotion zu erraten. Dadurch wird definiert, welche weiteren Karten die Kinder suchen und zusammen sammeln sollen.

6.17.2 VARIATION „EMOTIONS-MEMORY® 1:1"

Als Variation der Aktivität können beide Teamläufer in die gleiche Ecke laufen und nur derjenige, der zuerst ankommt, bekommt eine Karte und darf diese zum Team zurückbringen.

Aktivitäten zum Training *emotionaler Intelligenz*

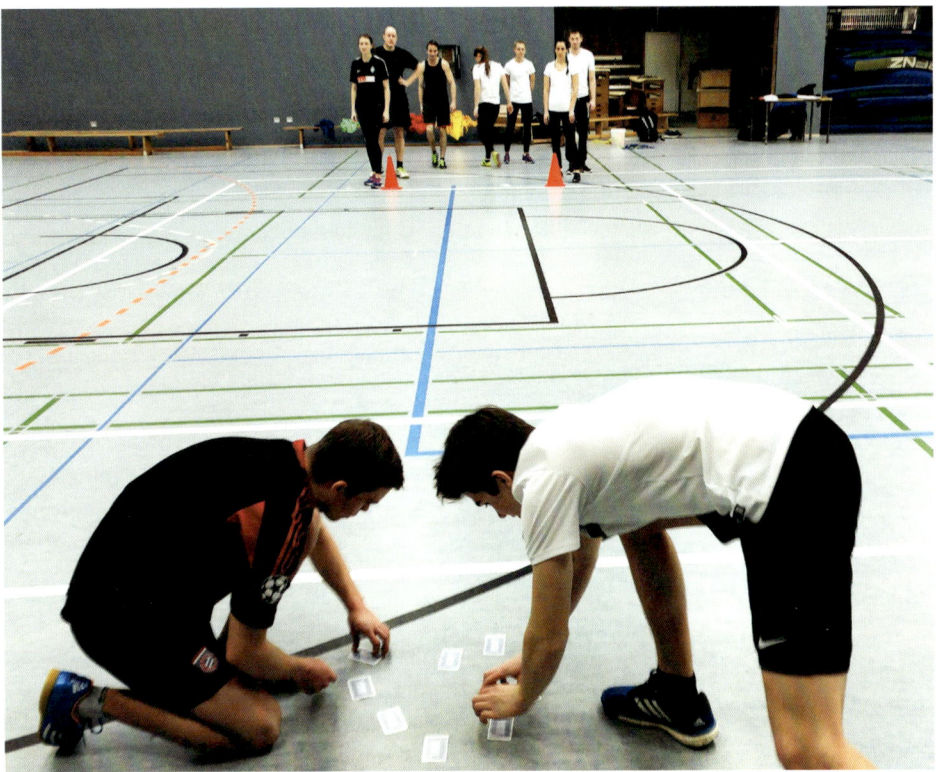

Abb. 32: Die zwei Kontrahenten suchen angestrengt nach der richtigen Emotionskarte, während ihre Gruppen auf sie warten.

6.17.3 VARIATION: „PERSONALISIERTES EMOTIONS-MEMORY®"

Welche emotionalen Kompetenzen werden mit dieser Aktivität trainiert? Identifikation der eigenen Emotionen und der Emotionen anderer.

Wie alt sollten Personen sein, mit denen diese Aktivität durchgeführt wird? > 10 Jahre, Wettkampferfahrung.

Mit wie vielen Personen kann diese Aktivität durchgeführt werden? > 2

Welches Material benötige ich für diese Aktivität? Einmalig: Fotos der Personen, Pappe, Schere, Stift.

Wie läuft diese Aktivität ab? Ein personalisiertes Emotions-Memory® soll entwickelt werden. Die Personen schneiden ihre eigenen Gesichtsausdrücke aus Wettkampf- und

Trainingsfotos aus, die die gleiche Emotion zeigen. Ihre Aufgabe ist es, sich einen typischen Gedanken und eine typischen (Laut-)Äußerung zu überlegen. Aus diesen vier Aspekten werden zwei Karten erstellt: eine mit den emotionalen Gesichtsausdrücken aus Wettkampf und Training und eine mit typischen Gedanken und einer typischen (Laut-)Äußerung.

Mit dem personalisierten Emotions-Memory® spielen: Es gelten die Memory®-Regeln. Die Person, die an der Reihe ist, darf zwei Karten aufdecken und dreht diese danach wieder um.

Was ist das Ziel dieser Aktivität? Das Ziel der Aktivität ist es, zu lernen, sich selbst und die unterschiedlichen Intensitäten und Kompetenzen der Emotionen kennenzulernen. Durch einen Vergleich von sich selbst mit anderen Athleten lernt man, das eigene emotionale Erleben besser einzuordnen.

Wann wurde diese Aktivität erfolgreich absolviert? Spieler bekommen Emotionspärchen, wenn sie diese richtig erinnert und aufgedeckt haben. Die Person mit den meisten Pärchen gewinnt.

6.17.4 VARIATION: „KOMPLEXES EMOTIONS-MEMORY®"

Welche emotionalen Kompetenzen werden mit dieser Aktivität trainiert? Verständnis der eigenen Emotionen und der Emotionen anderer.

Wie alt sollten Personen sein, mit denen diese Aktivität durchgeführt wird? Jede Altersgruppe

Mit wie vielen Personen kann diese Aktivität durchgeführt werden? 6-30

Welches Material benötige ich für diese Aktivität? Emotions-Memory®

Wie läuft diese Aktivität ab? Für jedes Team werden zu jeder Emotion vier verschiedene Memory®-Karten erstellt (Trigger, Emotion, Funktion, Handlungstendenz). Die Teilnehmer werden in mindestens zwei Teams aufgeteilt, die sich in gleichem Abstand (eine kurze Sprintdistanz) zu ihren Karten aufstellen. Dieses Spiel wird als Staffelspiel durchgeführt.

Die Personen rennen immer einzeln und müssen am Ziel zwei der 20 Karten umdrehen. Nur wenn sie zwei Karten zu der gleichen Emotion umdrehen, dürfen sie beide Karten mitnehmen. Andernfalls werden beide wieder umgedreht, sodass sie der Nächste nicht sieht. Der nächste Teilnehmer ist an der Reihe, sobald der erste wieder an der Startposition angekommen ist und abgeklatscht wurde. Das Spiel geht so lange, bis alle Karten zurückgebracht wurden. Die Mannschaft, die alle Karten gesammelt hat, gewinnt.

Tab. 7: Die tabellarische Darstellung des Verlaufs einer emotionalen Handlung, angefangen beim Auslöser (Trigger) über die entstandene Emotion und die Funktion, bis zur darauf folgenden Handlungstendenz

Auslöser	Emotion	Funktion	Handlungstendenz
Neues oder befriedigendes Erlebnis	Freude	Sichert das Streben nach wichtigen/nützlichen Ereignissen/Dingen	Aufrechterhalten Wiederholen Nach mehr streben
Durch etwas gestört oder blockiert	Ärger	Hindernis überwinden	Aggression Gewalt
Eklige Gegenstände; Gestank	Ekel	Vermeiden von schädlichen Dingen oder Personen	Wegschauen Abstoßen
Gefahr für körperliche/soziale Sicherheit	Furcht	Schützt Organismus durch Antizipation von Gefahren	Zögern Vermeiden
Verlust von etwas Wichtigem	Trauer	Hilfsbedürftigkeit signalisieren und sich „neu sammeln"	Zurückziehen Hilfe suchen

Was ist das Ziel dieser Aktivität? Das Ziel der Aktivität ist, dass man die Funktionen, die Auslöser und die damit assoziierten Handlungstendenzen von verschiedenen Emotionen versteht.

Wann wurde diese Aktivität erfolgreich absolviert? Die Aktivität ist ein Erfolg, wenn die Teilnehmer alle Emotionen und die verbundenen Trigger, Funktionen und Handlungstendenzen korrekt identifizieren können.

Welche Variationsmöglichkeiten dieser Aktivität gibt es? Der Schwierigkeitsgrad bzw. die Dauer des Spiels kann erhöht werden, indem statt zwei, drei oder vier Karten richtig umgedreht werden müssen, bevor sie mitgenommen werden dürfen. Außerdem können weitere Karten hinzugenommen werden (z. B. weitere Emotionen oder noch zwei weitere Kategorien, wie Ausdruck und verwandte Emotionen).

6.18 AKTIVITÄT „EMOTIONSQUARTETT"

Welche emotionalen Kompetenzen werden mit dieser Aktivität trainiert? Identifikation der eigenen Emotionen und der Emotionen anderer, Verständnis der eigenen Emotionen und der Emotionen anderer.

Wie alt sollten Personen sein, mit denen diese Aktivität durchgeführt wird? > 12 Jahre

Mit wie vielen Personen kann diese Aktivität durchgeführt werden? > 2

Welches Material wird benötigt? Pro Teilnehmer werden vier Karten (z. B. Karteikarten) benötigt.

Wie läuft diese Aktivität ab? Bei der Aktivität „Emotionsquartett" geht es darum, die verschiedenen Facetten von Emotionen kennenzulernen, sowohl bei sich selbst als auch bei anderen. Als Erstes wird das Emotionsquartett entwickelt. Dafür erstellt jeder Teilnehmer vier Karten: je zwei Karten für die am häufigsten erlebten und für die am seltensten erlebten Emotionen. Die Karten sollen die verschiedenen Facetten einer Emotion abbilden und daher folgende Kategorien enthalten: Erregungsniveau (1-10), Valenz (positiv, negativ), typisches Verhalten, typisches Selbstgespräch und eine Empfehlung, was die anderen tun sollen (siehe Abb. 33).

Abb. 33: *Beispiel einer Karte für das „Emotionsquartett".*

Bei kleineren Kindern kann man auch verschiedene Facetten weglassen. Nun kann man mit diesem Quartett auf verschiedene Arten spielen. Entweder man sammelt alle Karten mit den unterschiedlichen Emotionen eines Teilnehmers oder man sammelt alle Karten der gleichen Emotionen aller Teilnehmer.

Gespielt wird nach den Quartettregeln. Das heißt, zwei Personen spielen gegeneinander und versuchen, im Stechen die Karte des Gegenspielers zu gewinnen. Dies erreicht man, indem man den Gegenspieler in einer Emotionskategorie übertrifft. Die Regeln, wann eine Karte gewinnt, können vorher festgelegt werden (z. B. negativ schlägt positiv, höheres Erregungsniveau schlägt niedriges Erregungsniveau). Das Emotionsquartett kann gut in der Saisonvorbereitung eingesetzt werden, weil es teambildende Elemente enthält.

Was ist das Ziel dieser Aktivität? Das Ziel des Emotionsquartetts ist es, die unterschiedlichen Intensitäten und Mehrdimensionalität von Emotionen kennenzulernen und sich mit anderen vergleichen zu können. Dadurch lernt man das eigene emotionale Erleben und das der anderen Teammitglieder besser kennen und kann es dadurch besser einordnen.

Wann wurde diese Aktivität erfolgreich absolviert? Die Personen erhalten Quartettkarten, wenn sie diese beim Stechen gewonnen haben. Die Person mit vier passenden Karten gewinnt. Durch das Spiel lernen die Personen, die verschiedenen Facetten bei unterschiedlichen Emotionen zu vergleichen. Sobald sie die Unterschiede und Gemeinsamkeiten verschiedener Emotionen erkannt haben, sollten sie sicherer bei der Auswahl der zum Stechen verwendeten Kategorien werden.

Welche Variationsmöglichkeiten dieser Aktivität gibt es? Als Vorübung können die Personen ihre individuellen Quartettkarten vorstellen, je nach Gruppengröße, entweder in der großen Gruppe oder in mehreren Kleingruppen. Insbesondere der Punkt „Was sollen die anderen tun?" ist in einer Mannschaft von Bedeutung und bedarf möglicherweise genauerer Erklärung, weshalb sich die anderen so und nicht anders verhalten sollen.

6.19 AKTIVITÄT „PROFISPORTLER-RATEN"

Welche emotionalen Kompetenzen werden mit dieser Aktivität trainiert? Verständnis der eigenen Emotionen und der Emotionen anderer, Ausdruck der eigenen Emotionen.

Wie alt sollten Personen sein, mit denen diese Aktivität durchgeführt wird? Jede Altersgruppe

Mit wie vielen Personen kann diese Aktivität durchgeführt werden? In jeder Gruppengröße durchführbar.

Welches Material wird benötigt? Hier wird kein zusätzliches Material benötigt.

Wie läuft diese Aktivität ab? Bei der Aktivität „Profisportler-Raten" geht es um das Darstellen von berühmten Sportlern in emotionalen Situationen. Dies läuft wie folgt ab: Person A erhält die Aufgabe, berühmte Sportler zu imitieren. Dabei sollen verschiedene, potenziell emotionale Situationen imitiert werden: jemand bei der Vorbereitung auf eine sportliche Tätigkeit (z. B. Freistoßinszenierung von Cristiano Ronaldo), während eines Wettkampfs (z. B. John McEnroe beim Ausdrücken seines Ärgers) und nach einer erfolgreichen/nicht erfolgreichen Leistung (z. B. Usain Bolt nach erfolgreichem Rennen).

Für jede Situation soll ein anderer Sportler imitiert werden. Die beobachtenden Personen sollen beschreiben, um was für eine Situation es sich handelt, was mit diesem Verhalten ausgedrückt wird und welche Konsequenzen dieses Verhalten für die Person haben könnte (z. B. auf die Leistung, die Wirkung auf andere etc.). Außerdem sollen sie erraten, um welche Person es sich bei der Pantomime handelt. Danach werden die Rollen untereinander gewechselt.

Was ist das Ziel dieser Aktivität? Das Ziel dieser Aktivität besteht darin, verschiedene emotionale Zustände berühmter Sportler in verschiedenen Situationen auszudrücken und zu imitieren.

Abb. 34: Ein Teilnehmer während der Darstellung einer emotionalen Situation beim „Profisportler-Raten". Welcher Profisportler wird hier wohl gesucht?

Wann wurde diese Aktivität erfolgreich absolviert? Die Aktivität ist dann erfolgreich, wenn die Personen die oben genannten Fragen richtig beantworten. Es kann so etwas wie ein Punktesystem eingeführt werden.

Welche Variationsmöglichkeiten dieser Aktivität gibt es? Eine Variationsmöglichkeit kann sein, dass diese Aktivität auch in Teams als Wettbewerb durchgeführt wird.

6.20 AKTIVITÄT „EMOTIONSSCHAUSPIEL"

Welche emotionalen Kompetenzen werden mit dieser Aktivität trainiert? Identifikation der Emotionen anderer, Ausdruck der eigenen Emotionen.

Wie alt sollten Personen sein, mit denen diese Aktivität durchgeführt wird? > 10 Jahre

Mit wie vielen Personen kann diese Aktivität durchgeführt werden? 4-10 (zwei Spiele gleichzeitig mit größeren Gruppen spielen).

Welches Material wird benötigt? Je nach selbst festzulegender Aufgabe für das jeweils andere Team (z. B. Staffellauf, Dribblingparcours etc.) wird das entsprechende Material benötigt.

Wie läuft diese Aktivität ab? Bei der Aktivität geht es darum, pantomimisch verschiedene emotionale Zustände oder Situationen darzustellen. Dazu ist die Gruppe in zwei Teams aufgeteilt. Solange Team B eine vorgegebene Aufgabe ausführt (z. B. 200-m-Staffel, einen Dribblingparcours durchlaufen etc.), errät Team A die Emotion oder emotionale Situation, welche von einem oder zwei Teammitgliedern dargestellt wird.

Was ist das Ziel dieser Aktivität? Das Ziel dieser Aktivität ist es, die pantomimisch dargestellten Emotionen oder emotionale Situationen der jeweiligen Person(en) so schnell wie möglich zu identifizieren.

Wann wurde diese Aktivität erfolgreich absolviert? Die Aktivität ist ein Erfolg, wenn die Emotion/Situation in passender Weise dargestellt wird und die Teammitglieder in der Lage sind, diese richtig zu erraten.

Abb. 35: Voller Emotionen präsentiert ein Teilnehmer seine schauspielerischen Fähigkeiten im „Emotionsschauspiel".

6.21 AKTIVITÄT „EMOTIONS-HALLIGALLI"

Welche emotionalen Kompetenzen werden mit dieser Aktivität trainiert? Identifikation der eigenen Emotionen und der Emotionen anderer, Nutzen der eigenen Emotionen und der Emotionen anderer.

Wie alt sollten Personen sein, mit denen diese Aktivität durchgeführt wird? > 10 Jahre

Mit wie vielen Personen kann diese Aktivität durchgeführt werden? > 2

Welches Material wird benötigt? Hier sind Videos aus dem eigenen Training oder Wettkampf sowie ein Buzzer oder eine Pfeife erforderlich.

Wie läuft diese Aktivität ab? Die Aktivität „Emotions-Halligalli" bezieht sich auf das schnelle Erkennen von emotionalen Zuständen der eigenen Teammitglieder. Dabei schauen sich die Personen Videoaufnahmen aus dem Training oder dem Wettkampf an. Die Aufgabe der Personen ist es dann, entsprechend der Vorgaben des Trainers (oder der anderen Personen), bestimmte Emotionen bei sich oder den anderen Teammitgliedern wiederzuerkennen. Sobald sie eine Emotion erkannt haben, sollen sie auf den Buzzer (Abb. 36) drücken oder mit einer Pfeife trillern und angeben, woran sie das emotionale Erleben festmachen.

Aktivitäten zum Training *emotionaler Intelligenz*

Abb. 36: Beim „Emotions-Halligalli" gilt: Wer schneller klingelt, gewinnt.

Was ist das Ziel dieser Aktivität? Das Ziel der Aktivität ist das Selbsterkennen und -reflektieren sowie das Kennenlernen der unterschiedlichen emotionalen Ausdrücke der anderen. Außerdem lernt man, dass andere Personen das eigene emotionale Erleben unter Umständen anders wahrnehmen als man selbst. Durch den Vergleich von sich selbst mit anderen Athleten kann man das eigene emotionale Erleben und das der Teammitglieder besser einordnen und erkennen lernen. Dies kann man dann mit höherer Wahrscheinlichkeit auch im Verlauf des Trainings/Wettkampfs erkennen. Dadurch kann man anhand von ähnlich wiederkehrenden Situationen oder Auslösern lernen, das eigene Erleben zu regulieren.

Wann wurde diese Aktivität erfolgreich absolviert? Diese Aktivität ist ein Erfolg, wenn es den Personen gelingt, sich die eigenen Emotionen, sowie die Emotionen der anderen, bewusst zu machen und durch die gewonnenen Erkenntnisse frühzeitig Auslöser für das eigene emotionale Erleben zu erkennen und entsprechend zu regulieren; sowohl im Training als auch Wettkampf.

Welche Variationsmöglichkeiten dieser Aktivität gibt es? Als Variation von „Emotions-Halligalli" gibt es die Möglichkeit des „Wettkampfbuzzerns", bei dem die Teilnehmer gegeneinander antreten. Die Aufgabe ist es, die Emotion möglichst schnell zu erkennen.

Weiterhin gibt es die Möglichkeit des „Live-Buzzerns", das bedeutet, dass Spieler während des Trainings ihre Teammitglieder beobachten und sobald sie bestimmte, vorgegebene Emotionen erkennen, buzzern oder pfeifen. Dies lässt sich besonders gut während des Trainings, auch während des Wettkampfs, realisieren, wenn es als Unterstützung der Emotionsregulation wahrgenommen wird.

6.22 AKTIVITÄT „EMOTIONALE PANTOMIME"

Welche emotionalen Kompetenzen werden mit dieser Aktivität trainiert? Identifikation der eigenen Emotionen und der Emotionen anderer, Verständnis der eigenen Emotionen und der Emotionen anderer, Ausdruck der eigenen Emotionen und der Emotionen anderer.

Wie alt sollten Personen sein, mit denen diese Aktivität durchgeführt wird? > 12 Jahre

Mit wie vielen Personen kann diese Aktivität durchgeführt werden? > 2

Welches Material wird benötigt? Hier werden Block und Stifte benötigt.

Wie läuft diese Aktivität ab? Bei der Aktivität „Emotionale Pantomime" geht es um die tiefer gehende Auseinandersetzung mit den eigenen emotionalen Zuständen und der Reflexion dieser. Die Personen versetzen sich in eine emotionale Situation, in der sie ihre Emotionen nicht vollständig verstanden haben oder in eine Situation, die sie noch beschäftigt. Darauf basierend, schreiben sie einen inneren Monolog, der ihr emotionales Erleben in dieser spezifischen Situation so präzise wie möglich ausdrückt. Wenn alle damit fertig sind, darf jede Person eine andere auswählen, um den Monolog, den er selbst vorliest, pantomimisch darzustellen.

Abb. 37: Während die eine Teilnehmerin ihren emotionalen Monolog vorliest, stellt ein anderer Teilnehmer diesen, im Hinblick auf das emotionale Erleben, pantomimisch dar.

Im Anschluss können die anderen Personen mit einbezogen werden, um die dargestellte Situation im Hinblick auf das emotionale Erleben zu reflektieren. Dabei wird berücksichtigt, inwieweit der innere Monolog und die Pantomime zusammengepasst haben, was verstanden und nicht verstanden wurde. Besonders hilfreich kann es dabei sein, wenn die anderen Personen ihre eigenen Emotionen beschreiben, die sie, während sie zugehört und zugeschaut haben, empfanden.

Was ist das Ziel dieser Aktivität? Das Ziel dieser Aktivität ist vielschichtig. Auf der persönlichen Ebene ist das Ziel zunächst, selbst zu erkennen und zu reflektieren, wie man sich in bestimmten Situationen fühlt, was diese Emotionen auslöst und welche Anteile des eigenen emotionalen Erlebens man nicht richtig einordnen kann. Diese Erkenntnisse gilt es anschließend bestmöglich in Worte zu fassen. In der Gruppe geht es zunächst darum, den verbal dargelegten inneren Monolog der anderen Person nonverbal darzustellen und die Emotionen, die er bei den Zuschauenden auslöst, zu berücksichtigen, um die Situation besser zu verstehen. Dadurch lernt man die interindividuell unterschiedlichen Wahrnehmungen von Emotionen kennen und kann die eigene Wahrnehmung mit der von anderen vergleichen. Das eigene emotionale Erleben und das der Teammitglieder lernt man so besser einzuordnen und besser kennenzulernen.

Wann wurde diese Aktivität erfolgreich absolviert? Die Aktivität wurde erfolgreich absolviert, wenn die Person neue Erkenntnisse über die unklare Situation und ihr emotionales Erleben in dieser erlangt hat.

Welche Variationsmöglichkeiten dieser Aktivität gibt es? Eine Variationsmöglichkeit besteht darin, dass ein anderer Teilnehmer das wahrgenommene Verhalten darstellt, und der Teilnehmer, welcher imitiert wird, beschreibt danach, wie er sich selbst gesehen hat. Dadurch wird den Teilnehmern eine andere Perspektive auf ihr Verhalten und das damit einhergehende emotionale Erleben ermöglicht.

6.23 AKTIVITÄT „EMOTIONSAMPEL"

Welche emotionalen Kompetenzen werden mit dieser Aktivität trainiert? Regulation der eigenen Emotionen und der Emotionen anderer.

Wie alt sollten Personen sein, mit denen diese Aktivität durchgeführt wird? Jede Altersgruppe

Mit wie vielen Personen kann diese Aktivität durchgeführt werden? Jede Gruppengröße

Welches Material wird benötigt? Für diese Übung brauchen Sie ein Bild einer Ampel.

Emotionale Intelligenz im Sport

Wie läuft diese Aktivität ab? Die Aktivität der „Emotionsampel" basiert auf der Idee, dass man Symbole visualisieren kann, die helfen, die eigenen psychologischen Zustände zu regulieren, in diesem Fall Emotionen. Bei der „Emotionsampel" bekommen die Teilnehmer die Anweisung, sich an eine emotionale Situation zu erinnern und eine „Ampel" zu visualisieren. Nachfolgend sind die Anweisungen für eine „Emotionsampel" aufgeführt.

Was ist das Ziel dieser Aktivität? Die Grundlage dieser Aktivität aus Daniel Golemans Buch *Emotional Intelligence* [36] ist eine Ampelanlage, mit deren Hilfe Emotionen reguliert werden können. Das Ziel besteht darin, die Regulationsfähigkeit des Teilnehmers zu verbessern. Diese Technik kann vor allem in Situationen, in denen man sich ungerecht behandelt fühlt, wütend oder frustriert ist, was im Sport häufig vorkommen kann, helfen.

Stopp! Denke erst einmal gründlich nach bevor du handelst!

Überlege, was du machen kannst! Setze ein positives Ziel. Denke an viele Lösungen. Bedenke die Folgen im Voraus.

Jetzt kannst du mit deinem Plan losgehen.

Abb. 38: Die „Emotionsampel"

Exemplarisch kann an dieser Aktivität die Nützlichkeit des dreiteiligen Modells der *emotionalen Intelligenz* gezeigt werden:

Wissensniveau: Zuerst wird die Technik eingeführt. Z. B. durch das Zeigen eines Bildes einer Ampel, sodass die Teilnehmenden sofort ein Bild vor Augen haben, das sie mit der Technik und jedem der drei Schritte verknüpfen können.

Fähigkeitsniveau: Um zu testen, ob die Teilnehmer die Schritte wirklich verstanden haben, organisieren Sie ein Rollenspiel. So ist es für den Übungsleiter wesentlich einfacher, zu intervenieren, falls nötig. Zum Beispiel kann man die Teilnehmer in zwei Teams aufteilen und ihnen die Aufgabe geben, 10 Pässe durchzuführen, ohne dabei den Ball an das gegnerische Team zu verlieren. Dieses Spiel bietet in der Regel mehr als genug Möglichkeiten, um den Gebrauch der „Emotionsampel" zu üben. Sobald sie die drei Schritte der „Emotionsampel" verstehen und umsetzen können, kann man die „Emotionsampel" im normalen Training verwenden.

Eigenschaftsniveau: Sobald die Teilnehmer an die Technik gewöhnt sind, führen sie die drei in Abb. 38 dargestellten Schritte (1. Stopp! Nachdenken; 2. Handlungsoptionen evaluieren; 3. Entscheidung treffen und in die Tat umsetzen) automatisch und mehr oder weniger unbewusst durch.

Wann wurde diese Aktivität erfolgreich absolviert? Diese Aktivität ist erfolgreich, wenn die Teilnehmer in der Lage sind, sich in frustrierenden Situationen zu beruhigen, anstatt in Wut auszubrechen. Im besten Fall können sie sich selbst kontrollieren, obwohl dies Zeit und Praxis erfordert. Erfolgreich im Teamsport ist ein Athlet, der in der Lage ist, einen Teamkollegen (verbal oder körperlich), der irrationales Verhalten zeigt, zu stoppen und ihm zu helfen, unter Berücksichtigung der verschiedenen Optionen, die bestmögliche zu wählen.

6.24 AKTIVITÄT „EMOTIONSREGULATION UNTER DRUCK"

Welche emotionalen Kompetenzen werden mit dieser Aktivität trainiert? Regulation der eigenen Emotionen, Nutzen der eigenen Emotionen.

Wie alt sollten Personen sein, mit denen diese Aktivität durchgeführt wird? Abhängig vom Leistungsniveau der Athleten.

Mit wie vielen Personen kann diese Aktivität durchgeführt werden? Jede Gruppengröße

Welches Material wird benötigt? Hier wird aufgabenspezifisches Material gefordert.

Wie läuft diese Aktivität ab? Bei der Aktivität „Emotionsregulation unter Druck" wird eine Wettkampfsituation simuliert. Hierfür erhält man eine sportliche Aufgabe und nur eine Chance, diese Aufgabe erfolgreich umzusetzen. Scheitert man, kann man es während der gleichen Trainingseinheit nicht erneut versuchen. Außerdem kann der Trainer zusätzlich eine Vorgabe machen, welche Leistung er bei der auszuführenden Aufgabe erwartet oder die zu trainierende Person bittet, eine Leistungsprognose abzugeben.

Um „Emotionsregulation unter Druck" zu trainieren, müssen Personen generell in der Lage sein, die gegebene sportliche Aufgabe erfolgreich durchzuführen. So ist es beispielsweise sinnlos, einem Athleten die Chance zu geben, einen Handstand auf dem Balken durchzuführen, wenn er den Handstand auf dem Boden noch nicht beherrscht. Demzufolge sollte bei dieser Aktivität eher das Trainingsniveau und weniger das Alter der Athleten berücksichtigt werden.

Der Trainer bestimmt, wann die jeweilige Aufgabe durchgeführt werden muss. Dass der Zeitpunkt nicht selbst gewählt, sondern von einer anderen Person, i. d. R. dem Trainer, bestimmt wird, ist ein wichtiger Aspekt bei der Simulation von Druckbedingungen und spiegelt einen Aspekt der Unsicherheit wider, der der Natur des Wettbewerbs entspricht. Durch die Ungewissheit darüber, wann die entsprechende Aufgabe einmalig ausgeführt werden muss, gerät die Person in eine Art Wartesituation und sollte sich mental auf die einmalige Chance vorbereiten. Dabei muss sie mit den in dieser Situation aufkommenden Emotionen und Gefühlen umgehen können.

Dann erhält die Person die Chance, die angekündigte Aufgabe durchzuführen und ggfs. zu überprüfen, ob das Ergebnis mit dem von ihm und/oder dem Trainer gesetzten Ziel übereinstimmt. Nach Ausführung der Aufgabe werden möglicherweise neue, veränderte Emotionen auftreten, welche entsprechend verarbeitet werden müssen.

Abb. 39: Der Teilnehmer steht gespannt vor dem Ball und ist bereit für den Strafstoß. Um den Druck etwas zu erhöhen und die Situation realitätsnäher zu gestalten, simulieren die anderen Teilnehmer Zuschauer, die den Schützen entweder anfeuern oder entmutigen.

6.24.1 VARIATION: „UMGANG MIT KONSEQUENZEN"

Die Aktivität „Emotionsregulation unter Druck" kann um den „Umgang mit Konsequenzen" erweitert werden. Der Trainer kann zusätzlich zur einmaligen Chance auch Konsequenzen bei erfolgreicher oder nicht erfolgreicher Absolvierung der Aufgabe definieren. Durch das Einführen möglicher Konsequenzen wird eine Aufgabe noch wettkampfnäher und der empfundene Druck sollte sich bei den meisten Personen erhöhen.

Dabei können die Konsequenzen nach Misserfolg individuell oder kollektiv gestaltet werden. Individuelle Konsequenzen würde bedeuten, dass nur die Person, die die Aufgabe durchgeführt und nicht erfolgreich absolviert hat, zusätzliche körperliche Aufgaben ausführen muss (z. B. Liegestütze oder Shuttleläufe).

Eine kollektive, inklusive Konsequenz würde bedeuten, dass die gesamte Gruppe oder das gesamte Team eine Zusatzaufgabe bei Misserfolg ausführen muss, einschließlich der Person selbst. Eine kollektive, exklusive Konsequenz würde bedeuten, dass das gesamte Team, mit Ausnahme des verantwortlichen Athleten, bestraft wird. Die verschiedenen Konsequenzen sollen zusätzlichen Druck bei der Simulation der Wettkampfsituation aufbauen und die Person dazu bringen, sich mit den eigenen Emotionen, die in der Regel während des Wettkampfs auftreten, auseinanderzusetzen. An dieser Stelle lässt sich ergänzend auch der Debriefingbogen einsetzen, mit dem die Personen über ihre Erfahrungen in der Drucksituation nachdenken können.

Was ist das Ziel dieser Aktivität? Basierend auf Eberspächer [41], ist das Ziel dieser Aktivität, den Druck einer Situation während eines tatsächlichen Wettkampfs innerhalb einer Trainingseinheit zu simulieren. Emotionen, die häufig in dieser Intensität nur in Wettbewerbssituationen auftreten, werden dadurch erfahrbar gemacht. Wenn etwas im Training nicht funktioniert, kann man dieses normalerweise ohne jegliche Folgen erneut versuchen. Da es bei der Wettkampfsimulation häufig nur eine Möglichkeit gibt, muss die Person mit den auftretenden, unterschiedlichen Emotionen umgehen, die ihre eigenen Erwartungen begleiten sowie den potenziellen Druck durch die Erwartungen des Trainers und durch die möglichen Konsequenzen für die Teamkollegen aushalten.

Emotionen können dabei während der Vorbereitung auf die Aufgabe, unmittelbar vor und während der Durchführung sowie nach erfolgreichem oder nicht erfolgreichem Ausführen der Aufgabe entstehen und müssen reguliert werden.

Wann wurde diese Aktivität erfolgreich absolviert? Die Aktivität „Emotionsregulation unter Druck" wurde dann erfolgreich absolviert, wenn die Person ihr eigenes emotionales Erleben nach eigenem Empfinden gut regulieren und mit dem aufkommenden Druck leistungsförderlich umgehen kann. Der Erfolg bei der einmalig auszuführenden Aufgabe kann dabei ebenfalls ein Indikator für ein erfolgreich absolviertes Training sein.

Welche Variationsmöglichkeiten dieser Aktivität gibt es? Anstatt Personen relativ kurz vor der auszuführenden Aufgabe über die bevorstehende Herausforderung zu informieren, kann die Ankündigung ca. 15, 20 oder 30 Minuten vor der einmalig auszuführenden Aufgabe gemacht werden. Je länger der Zeitraum bis zur erbringenden Leistung ist, desto länger müssen Personen üben, mit ihren Emotionen umzugehen und bei weniger guter Emotionsregulation wird es in der Regel umso schwieriger, bei der einmaligen Aufgabe zu bestehen.

6.25 AKTIVITÄT „EMOTIONEN TRAINIEREN MIT MUSIK"

Welche emotionalen Kompetenzen werden mit dieser Aktivität trainiert? Regulation der eigenen Emotionen und der Emotionen anderer, Nutzen der eigenen Emotionen und der Emotionen anderer.

Wie alt sollten Personen sein, mit denen diese Aktivität durchgeführt wird? Jede Altersgruppe

Mit wie vielen Personen kann diese Aktivität durchgeführt werden? Jede Gruppengröße

Welches Material wird benötigt? Benötigt werden ein Musikgerät sowie eine Playlist.

Wie läuft diese Aktivität ab? Bei der Aktivität „Emotionen trainieren mit Musik" wird emotionales Erleben mit Musik verknüpft und die Möglichkeit der Beeinflussung des emotionalen Erlebens durch Musik kann verdeutlicht werden. Diese Aktivität ist ideal für das Aufwärmen geeignet. Dabei stellt der Trainer Musik an und weist die Athleten an, sich angepasst an die Musik in einer bestimmten Weise über das Feld zu bewegen (z. B. hohe Knie, Springen, Schwingen eines oder beider Arme usw.).

Dabei kann die Art und Weise, sich zu bewegen, unterschiedlich in Übereinstimmung mit der Musik gebracht werden: durch Tempowechsel, z. B. schnell oder langsam, durch Rhythmus, z. B. gleichmäßig, abrupt oder geschmeidig, oder durch Ausdruck, z. B. energiegeladen oder entspannend. Die Aufgabe für die Athleten ist es, die verschiedenen Bewegungen passend zum Stil der Musik durchzuführen. Gleichzeitig sollen sich die Athleten bewusst machen, wie sich Bewegungsänderungen auf ihre Emotionen auswirken.

Was ist das Ziel dieser Aktivität? Diese Aktivität basiert auf den Auswirkungen von Musik auf Emotionen, insbesondere im sportlichen Kontext [42, 43]. Das Ziel ist, dass Athleten Musik nutzen können, um Emotionen zu regulieren.

Wann wurde diese Aktivität erfolgreich absolviert? Diese Aktivität wird erfolgreich durchgeführt, wenn der Sportler in der Lage ist, sich in Übereinstimmung mit der Musik zu bewegen und die damit einhergehenden Emotionen wahrnehmen und einordnen kann. Außerdem sollen Athleten in der Lage sein, ihre Emotionen mithilfe von Musik zu regulieren. Besonders ist Emotionsregulation durch Musik erfolgreich, wenn sie genutzt werden kann, um sich gezielt auf die besonderen Anforderungen eines Wettbewerbs vorzubereiten.

6.25.1 VARIATION: „MUSIK AUF UND AB"

Welche emotionalen Kompetenzen werden mit dieser Aktivität trainiert? Verständnis der eigenen Emotionen und der Emotionen anderer, Regulation der eigenen Emotionen und der Emotionen anderer, Nutzen der eigenen Emotionen und der Emotionen anderer.

Wie alt sollten Personen sein, mit denen diese Aktivität durchgeführt wird? > 10 Jahre für die Aktivitäten allein oder in Partneraktivitäten.

Mit wie vielen Personen kann diese Aktivität durchgeführt werden? Man kann die Aktivität allein, mit einem Partner oder innerhalb eines Teams durchführen.

Welches Material wird benötigt? Hierfür wird eine Playliste der Athleten benötigt.

Wie läuft diese Aktivität ab? Zuerst hat jeder Teilnehmer Zeit, allein darüber nachzudenken, welche Art von Musik hilft, eine bestimmte Facette der Emotionen, nämlich die Erregung, zu regulieren. Dies ist in zwei Richtungen möglich:

1. Musik motiviert und gibt Energie oder
2. Musik wirkt beruhigend und entspannend.

Die Aufgabe der Teilnehmer ist es nun, drei motivierende und drei entspannende Lieder zu wählen.

Dann sucht sich jeder einen Partner und tauscht sich über die gewählten Songs aus. Thema der Unterhaltung soll sein, warum dieses Lied ausgewählt wurde, die Gedanken, die es hervorruft, was die Musik, der Beat, die Texte bedeuten, zu welcher Situation es passt. Um dies zu erreichen, kann der Song (teilweise oder ganz) mit dem Partner angehört werden und dann kurz diskutiert werden, warum dieses Lied zur Motivation oder Entspannung beiträgt. Als letzten Schritt stimmt das Team nun über einen Satz von Liedern (bis zu drei) ab, die das ganze Team nutzen kann, um sich zu entspannen und sich zu motivieren.

Was ist das Ziel dieser Aktivität? Das Ziel dieser Aktivität ist, zu lernen, wie man Musik benutzt, um gezielt einen bestimmten emotionalen Erregungszustand hervorzurufen und dadurch die sportliche Leistung zu fördern.

Wann wurde diese Aktivität erfolgreich absolviert? Zeit allein: Je drei Lieder auswählen, die die Person motivierend bzw. entspannend findet.

Partnerarbeit: Die Personen sind in der Lage, zu erklären, warum der Partner ein bestimmtes Lied zum Entspannen oder Motivieren auswählt.

6.25.2 VARIATION: „EMOTIONS-PLAYLIST"

Welche emotionalen Kompetenzen werden mit dieser Aktivität trainiert? Verständnis der eigenen Emotionen, Regulation der eigenen Emotionen, Nutzen der eigenen Emotionen.

Wie alt sollten Personen sein, mit denen diese Aktivität durchgeführt wird? Jede Altersgruppe

Mit wie vielen Personen kann diese Aktivität durchgeführt werden? Jede Gruppengröße

Welches Material wird benötigt? Das Material, um Musik allein oder zu zweit zu hören, beispielsweise ein Smartphone oder ein MP3-Player; sowie Lautsprecher für die Gruppenversion.

Wie läuft diese Aktivität ab? Für diese Aktivität stellt jede Person ihre persönliche „Emotions-Playliste", bestehend aus verschiedenen Liedern, zusammen, die dabei helfen soll, ihre Emotionen zu regulieren, z. B. Wut abzubauen oder Freude aufzubauen. Hier kann der Trainer vorgeben, welche Emotion betrachtet werden soll oder jeder kann wählen, für welche Emotionsformen entsprechende Lieder ausgewählt werden. Im nächsten Schritt stellt jeder seine persönliche Playliste in der Gruppe vor und geht dabei auf die Art und Weise ein, wie die Lieder auf die Emotionen wirken, sei es durch Text, Klangfarbe, Rhythmus oder etwas anderes, wie persönliche Assoziationen oder Erinnerungen. Diese Eigenschaften können auch auf verschiedene Aspekte der Emotionen einwirken, wie Intensität oder Dauer der erlebten Emotionen. Diese Playlisten können von den einzelnen Teilnehmern nun gezielt im Training eingesetzt werden, um die Stimmung in eine bestimmte Richtung zu lenken.

Was ist das Ziel dieser Aktivität? Das Ziel ist es, die eigenen Emotionen mit Liedern einer persönlich zusammengestellten „Emotions-Playlist" zu regulieren.

Wann wurde diese Aktivität erfolgreich absolviert? Die Aktivität „Emotions-Playliste" ist erfolgreich umgesetzt, wenn es der Person gelingt, ihre individuellen Emotionen mithilfe des jeweiligen Liedes auf die gewünschte Art zu regulieren.

Welche Variationsmöglichkeiten dieser Aktivität gibt es? Abhängig von der Möglichkeit, die Person regelmäßig zu coachen oder sportpsychologisch zu unterstützen, bestehen auch folgende Möglichkeiten der Erweiterung:

- Man arbeitet mit der Person darauf hin, dass sie sich mit ihrer „Emotions-Playliste" auf Trainings- oder Wettkampfsituationen vorbereitet.
- Außerdem kann man die „Emotions-Playliste" bzw. einzelne Lieder daraus in Routinen [44] oder Visualisierungsübungen mit einbauen.

NACHWORT

„Emotion ist Energie in Bewegung." – Peter McWilliams

Emotion kommt von dem lateinischen Wort *emovere*, was so viel bedeutet wie *sich (heraus) bewegen*. Emotionen sind die Bewegungen bzw. Beweggründe, die in unserem Innenleben entstehen. Emotionen lassen uns lebendig fühlen und beeinflussen, wie wir mit anderen Menschen interagieren. Auch wenn Emotionen in den meisten Bereichen des Lebens eine wichtige Rolle spielen, gibt es im modernen Leben wenige Felder, in denen Emotionen derart zentral sind wie im Sport.

Emotionen können sowohl als Ursache als auch als Produkt des Sporttreibens und des Zuschauens angesehen werden. Sie treten im Sport in ihrer gesamten Bandbreite und in unterschiedlichsten Intensitäten auf. Sie können sich angenehm oder unangenehm anfühlen und für die jeweilige Situation förderlich oder hinderlich sein. Das Entscheidende hierbei ist, dass wir Einfluss darauf nehmen können, welchen Effekt Emotionen auf uns haben.

In diesem Buch haben wir Sie auf eine Reise mitgenommen, die Sie entlang des Wegs zum „Emotionsmeister" geführt hat. Der erste Teil des Buches (Kap. 1-5) zielte darauf ab, den ersten Meilenstein auf dem Weg zum „Meister der Emotionen" zu erreichen: das Wissensniveau *emotionaler Intelligenz*. Sie haben gelernt, wie fünf Kompetenzen (Identifikation, Verständnis, Ausdruck, Regulation und Nutzen), bezogen auf Ihre eigenen Emotionen und die Emotionen anderer, eine wichtige Rolle bei sportlicher Leistung und der Motivation zum Sporttreiben spielen und uns generell helfen können, erfüllende Erfahrungen mit uns selbst und unserem alltäglichen Leben zu machen.

Kap. 5 des Buches zielte darauf ab, Ihnen einen motivationalen Startschuss zu geben, um den zweiten Meilenstein auf dem Weg zum „Emotionsmeister" zu erreichen: Sie hatten die Möglichkeit, Ihr eigenes Profil emotionaler Kompetenzen zu erstellen und detailliertes Feedback zu Ihren emotionalen Kompetenzen zu erhalten, um besser verstehen zu können, welche Rolle diese Kompetenz für Sie spielt.

Im letzten Teil des Buches wurden Ihnen 25 Aktivitäten vorgestellt, die eingesetzt werden können, um emotionale Kompetenzen durch Sportübungen weiterzuentwickeln. Durch den Einsatz der Übungen können Sie das Fähigkeitsniveau der *emotionalen Intelligenz* trainieren und erlernen, wie Sie spezifische Techniken der verschiedenen emotionalen Kompetenzen nutzen können.

Die regelmäßige Integration der Aktivitäten ins Training erlaubt es, das Eigenschaftslevel der *emotionalen Intelligenz* zu erreichen, das Sie zu einem „Meister der Emotionen" macht. Das bedeutet, dass Sie die Emotionstechniken, bezogen auf die fünf emotionalen Kompetenzen, in Ihren Alltag integriert haben und anwenden können.

Wie in vielen anderen Bereichen des Lebens auch, sollte Ihr Fokus nicht lediglich auf das Ziel ausgerichtet sein, ein „Meister der Emotionen" zu werden. Der Weg dorthin sollte ebenfalls erfüllend sein. Wir wünschen Ihnen viel Spaß auf diesem Weg.

„Die lohnendste Reise, die wir je machen, ist die, die in uns selbst passiert." –

Sylvain Laborde
Philip Furley
Lisa Musculus
Stefan Ackermann

7.1 DANKSAGUNG

Wir danken den Praktikanten und studentischen Hilfskräften des Psychologischen Instituts, Abteilung Leistungspsychologie; sowie des Instituts für Kognitions- und Sportspielforschung (Deutsche Sporthochschule Köln). Insbesondere bedanken wir uns bei Justus Dick, Vanessa Walter und Marie Wiegand für ihre Hilfe, den Erstentwurf fertigzustellen und die Bilder für das Buch vorzubereiten. Weiterhin danken wir Hermann Bär und Miles Tafese für das nachträgliche Korrekturlesen und Editieren. Ebenfalls bedanken wir uns bei unseren Fotomodels Felix Adloff, Philipp Chiteala, Cecilia Diaz Luque, Marina Griesbach, Hannah Haunhorst, Thomas Hosang, Pepa Jaeschke, Florian Klingner, Benedikt Kosak, Marie Küppers, Mareike Kusch, Alina Müller, Till Müller, Lisa Overberg, Ismael Pedraza und Lena Thelens, ohne deren Hilfe die Bilder nicht möglich gewesen wären.

ANHANG

1 TABELLEN

Tab. 8: Aktivitätenübersicht						
	Aktivität	Variation	Identifikation		Verständnis	
			Eigene	Andere	Eigene	Andere
1	Emotionsbälle		X	X		
1.1		Emotionsstaffel		X		
1.2		Positive und negative Emotionsbälle	X			
2	Feuer, Wasser, Blitz			X		
2.1		Verknüpfung mit Powerposen		X		
2.2		Vormachen der Emotionen		X		
3	Emotionale Gesichter in Bewegung					
4	Emotionale Odyssee			X		
4.1		Gesichtsausdruck und Körpersprache		X		
4.2		Emotionales Interview		X		X
5	Kommunikationsübung		X	X	X	X
5.1		Klartext			X	X
5.2		Speedinterview			X	X

Anhang

Ausdruck		Regulation		Nutzen		Gruppen-größe	Alter	Dauer	Benötigtes Material
Eigene	Andere	Eigene	Andere	Eigene	Andere				
						> 4	> 6	5-10 min	Bälle (z. B. Tennisbälle) mit aufgezeichneten Emotionen
						> 4	> 6	5-10 min	Bälle (z. B. Tennisbälle) mit aufgezeichneten Emotionen
						> 4	> 6	5-10 min	Bälle (z. B. Tennisbälle) mit aufgezeichneten Emotionen
						> 4	< 10	10-20 min	Stifte und Blätter
		X	X			> 4	< 10	10-20 min	Stifte und Blätter
X						> 4	< 10	10-20 min	Person, die Emotion vormacht
X						> 8	< 10	Ca. 30 min	Geschriebene Geschichten, Hütchen, sportartspezifisches Equipment
						> 4	Jede	5-10 min	Karten mit Emotionen
X						> 4	Jede	5-10 min	Karten mit Emotionen
						> 4	Jede	10-20 min	Karten mit Emotionen und Interviewfragen
X	X					> 2	> 10	15-20 min	Kein spezifisches Material nötig
X	X					Beliebig	12	15-20 min	Kein spezifisches Material nötig
X	X					4-20	12	15-20 min	Ball zum Dribbeln, Equipment für Parcours

Tab. 8:	Aktivitätenübersicht					
6	Debriefingbogen		X		X	
7	Achtsamkeit		X	X	X	X
7.1		Körperscan	X			
8	Verkörperte Emotionen				X	
9	Emotionszeitreise			X		
9.1		Emotionale Imagination		X		
10	Powerposen					
10.1		Selbstvertrauen zeigen				X
11	Vertrauen aufbauen		X	X	X	X
11.1		Sich fallen lassen	X	X	X	X
12	Teambuilding					
12.1		Zeige mir, dass ich auf dich zählen kann			X	X
12.2		Wir-Gefühl fördern				
13	Seiltanz					
14	Die verstärkende Zitatestaffel				X	X
14.1		30-Tage-Zitate-Challenge				

Anhang

					Beliebig	Jede	15-20 min	Debriefingbogen aus Anhang
	X	X	X		> 2	Jede	10-20 min	Kein spezifisches Material notwendig
					> 2	> 10	5-10 min	Anleitung für Körperscan im Anhang
X				X	> 1	Jede	ca. 30 min	Weichbodenmatte, Ball, Gewichtsschlitten, Tischtennisball, Löffel, Bank Hütchen, Kasten, Flummi
X	X				> 2	Jede	10-15 min	Kein spezifisches Material notwendig
X	X				> 2	Jede	10-15 min	Kein spezifisches Material notwendig
X		X			Beliebig	Jede	10-20 min	Bälle
X					Beliebig	< 10	5-10 min	Kein spezifisches Equipment notwendig
		X	X		> 5	> 10	10-15 min	Kein spezifisches Equipment notwendig
		X	X		> 5	> 10	10-15 min	Erhöhung (z. B. Kasten), ggf. Matten
X			X	X	> 2	Jedes	0 min	Kein spezifisches Equipment notwendig
		X	X	X	X	> 4	> 10	0 min	Kein spezifisches Equipment notwendig
		X	X	X	X	Beliebig	6	5-15 min	Gemeinsames Logo, motivierender Spruch, o. Ä.
		X	X			8-40	Jedes	10-15 min	Vier Sprungseile pro Team, ein Hockeyball oder Tennisball pro Team
		X	X	X	X	Beliebig	10	Ca. 20 min	Karten/Post-its®, Stifte,
		X		X		Einzeln	10	0 min	Karten/Post-its®, Stifte,

145

Emotionale Intelligenz im Sport

Tab. 8: Aktivitätenübersicht							
15	Peptalk						
15.1		Negativer Peptalk					
16	Emotionsvirus						
17	Emotions-Memory®				X		
17.1		Emotions-Memory® mit Mimik			X		
17.2		Emotions-Memory® 1:1			X		
17.3		Personalisiertes Emotions-Memory®		X	X		
17.4		Komplexes Emotions-Memory®				X	X
18	Emotionsquartett			X	X	X	X
19	Profisportler-Raten					X	X
20	Emotionsschauspiel				X		
21	Emotions-Halligalli			X	X		
22	Emotionale Pantomime			X	X	X	X
23	Emotionsampel						
24	Emotionsregulation unter Druck						
24.1		Umgang mit Konsequenzen					
25	Emotionen trainieren mit Musik						

Anhang

		X	X	X	X	> 2	> 15	10-20 min	Kein spezifisches Equipment notwendig
		X	X	X	X	> 2	> 15	10-20 min	Kein spezifisches Equipment notwendig
		X	X			10-20	15	20-30 min	Ball
X						> 4	Jedes	10-30 min	Einmalig: Schere, Karten, Stifte, eventuell Hindernisse wie Hütchen oder Hürden
X						> 4	Jedes	10-30 min	
X						> 4	Jedes	10-30 min	
						> 2	> 10	10-30 min	Zusätzlich zu den oben beschriebenen Materialien noch Fotos der Mitspieler
						6-30	Jedes	10-30 min	Emotions-Memory®-Karten
						> 2	> 10	15 min	Karten, Stifte, Schere
X						Beliebig	Jedes	10-15 min	Kein spezifisches Equipment notwendig
X						4-10	10	10-15 min	Je nach Aktivität, die während der Pantomime durchgeführt wird
				X	X	> 2	> 10	15-20 min	Videos von Sportszenen, Buzzer oder Pfeife
X	X					> 2	> 10	Ca. 30 min	Block, Stift
		X	X			Beliebig	Jedes	10-20 min	Bild einer Ampel
		X		X		Beliebig	Abhängig vom Leistungsniveau	1-2 min	Aufgabenspezifisches Material
		X		X		Beliebig	„	1-2 min	Aufgabenspezifisches Material
		X	X	X	X	Beliebig	Jede	5-10 min	Musikauswahl, Playlist

Tab. 8: Aktivitätenübersicht						
25.1		Musik auf und ab			X	X
25.2		Emotions-Playlist			X	

2 LITERATUR/VERWEISE

1. Laborde, S., Dosseville, F. and Allen, M. S., *Emotional intelligence in sport and exercise: A systematic review.* Scandinavian Journal of Medicine & Science in Sports, 2016. **26**: p. 862-74.

2. Mayer, J. D. and Salovey, P., *What is emotional intelligence?*, in *Emotional development and emotional intelligence: Educational implications.*, P. Salovey and D. Sluyter, Editors. 1997, Basic Books: New York. p. 3-31.

3. Petrides, K. V. and Furnham, A., *Trait emotional intelligence: behavioural validation in two studies of emotion recognition and reactivity to mood induction.* European Journal of Personality, 2003. **17**: p. 39-57.

4. Brasseur, S., et al., *The Profile of Emotional Competence (PEC): development and validation of a self-reported measure that fits dimensions of emotional competence theory.* PloS one, 2013. **8**: p. 1-8.

5. Cozolino, L., *The Neuroscience of Human Relationships: Attachment and the Developing Social Brain.* 1nd ed. 2014: W. W. Norton & Company.

6. Lazarus, R. S., *How emotions influence performance in competitive sports.* The Sport Psychologist, 2000. **14**: p. 229-252.

7. Mikolajczak, M., *Going Beyond the Ability-Trait Debate: The Three-Level Model of Emotional Intelligence An Unifying View: The Three-Level Model of EI.* e-journal of applied psychology, 2009. **5**: p. 25-31.

		X	X	X	X	Beliebig	10	0 min	Playlisten der Athleten
		X		X		Beliebig	Jede	10-30 min	Material, um Musik allein oder zu zweit zu hören, beispielsweise ein Smartphone oder ein MP3-Player; Lautsprecher für die Gruppenversion

8. Zizzi, S. J., Deaner, H. R. and Hirschhorn, D. K., *The relationship between emotional intelligence and performance among college basketball players.* Journal of Applied Sport Psychology, 2003. **15**: p. 262-269.

9. Perlini, A. H. and Halverson, T. R., *Emotional intelligence in the National Hockey League.* Canadian Journal of Behavioural Science, 2006. **38**: p. 109-119.

10. Crombie, D., Lombard, C. and Noakes, T. D., *Emotional Intelligence Scores Predict Team Sports Performance in a National Cricket Competition.* International Journal of Sports Science & Coaching, 2009. **4**: p. 209-224.

11. Lane, A. M. and Wilson, M. R., *Emotions and trait emotional intelligence among ultra-endurance runners.* Journal of Science and Medicine in Sport, 2011. **14**: p. 358-362.

12. Tok, S., et al., *Trait emotional intelligence, the Big Five personality traits and isometric maximal voluntary contraction level under stress in athletes.* Neurology, Psychiatry and Brain Research, 2013. **19**: p. 133-138.

13. Damasio, A., *Descartes' error: emotion, reason, and the human brain.* 1994, New York, NY: Grosset/Putnam.

14. Laborde, S., et al., *Trait emotional intelligence in sports: A protective role against stress through heart rate variability?* Personality and Individual Differences, 2011. **51**: p. 23-27.

15. Laborde, S., Lautenbach, F. and Allen, M. S., *The contribution of coping-related variables and heart rate variability to visual search performance under pressure.* Physiology & Behavior, 2015. **139**: p. 532-40.

16. Laborde, S., et al., *The role of trait emotional intelligence in emotion regulation and performance under pressure.* Personality and Individual Differences, 2014. **57**: p. 43-47.

17. Lane, A. M., et al., *Emotional intelligence and psychological skills use among athletes.* Social Behavior and Personality, 2009. **37**: p. 195-202.

18. Laborde, S., et al., *Culture, individual differences, and situation: Influence on coping in French and Chinese table tennis players.* European Journal of Sport Science, 2012. **12**: p. 255-261.

19. Laborde, S., et al., *Validity of the trait emotional intelligence questionnaire in sports and its links with performance satisfaction.* Psychology of Sport and Exercise, 2014. **15**: p. 481-490.

20. Laborde, S., Guillén, F. and Watson, M., *Trait emotional intelligence questionnaire full-form and short-form versions: Links with sport participation frequency and duration and type of sport practiced.* Personality and Individual Differences, 2017. **108**: p. 5-9.

21. Ancelotti, C., *Quiet Leadership – Wie man Menschen und Spiele gewinnt.* 2016, München: Albrecht Knaus Verlag.

22. O'Neil, D.A., *The value of emotional intelligence for high performance coaching: A commentary.* International Journal of Sports Science & Coaching, 2011. **6**: p. 329-332.

23. Magyar, T. M., et al., *The Influence of Leader Efficacy and Emotional Intelligence on Personal Caring in Physical Activity.* Journal of Teaching in Physical Education, 2007. **26**: p. 310-319.

24. Hwang, S., Feltz, D. L. and Lee, J.-D., *Emotional intelligence in coaching: Mediation effect of coaching efficacy on the relationship between emotional intelligence and leadership style.* International Journal of Sport and Exercise Psychology, 2013. **11**: p. 1-15.

25. Thelwell, R. C., et al., *Examining relationships between emotional intelligence and coaching efficacy.* International Journal of Sport & Exercise Psychology, 2008. **6**: p. 224-235.

26. Dosseville, F., Laborde, S. and Bernier, M., *Athletes' expectations with regard to officiating competence.* European Journal of Sport Science, 2014. **14 Suppl 1**: p. 448-455.

27. Solanki, D. and Lane, A. M., *Relationships between Exercise as a Mood Regulation Strategy and Trait Emotional Intelligence.* Asian Journal of Sports Medicine, 2010. **1**: p. 195-200.

28. Klusmann, V., et al., *Fulfilled Emotional Outcome Expectancies Enable Successful Adoption and Maintenance of Physical Activity.* Front Psychol, 2015. **6**: p. 1990.

29. Elfenbein, H. A., *Learning in emotion judgments: Training and the cross-cultural understanding of facial expressions.* Journal of Nonverbal Behavior, 2006. **30**: p. 21-36.

30. Williams, B. T., Gray, K. M. and Tonge, B. J., *Teaching emotion recognition skills to young children with autism: a randomised controlled trial of an emotion training programme.* J Child Psychol Psychiatry, 2012. **53**(12): p. 1268-76.

31. Nelis, D., et al., *Increasing Emotional Competence Improves Psychological and Physical Well-Being, Social Relationships, and Employability.* Emotion, 2011. **11**: p. 354-366.

32. Mesibov, G. B., *Social skills training with verbal autistic adolescents and adults: A program model.* Journal of Autism and Developmental Disorders, 1984. **14**(4): p. 395-404.

33. Hanin, Y., *Emotions in sport.* 2000, Champaign, IL: Human Kinetics.

34. Laborde, S., Raab, M. and Dosseville, F., *Emotions and Performance: Valuable insights from the sports domain*, in *Handbook of Psychology of Emotions: Recent Theoretical Perspectives and Novel Empirical Findings*, C. Mohiyeddini, M. Eysenck, and S. Bauer, Editors. 2013, Nova: New York, NY. p. 325-358.

35. Kabat-Zinn, J., *Full catastrophe living: How to cope with stress, pain and illness using mindfulness meditation.* 1990, New York: Random House.

36. Goleman, D., *Emotional intelligence.* Emotional intelligence. 1995, New York, NY England: Bantam Books, Inc.

37. Kabat-Zinn, J., *Full catastrophe living. How to cope with stress, pain and illness using mindfulness meditation.* 2013, London: Piatkus.

38. Carney, D. R., Cuddy, A. J. and Yap, A. J., *Power posing: brief nonverbal displays affect neuroendocrine levels and risk tolerance.* Psychol Sci, 2010. **21**(10): p. 1363-8.

39. Morris, B. J. and Zentall, S. R., *High fives motivate: the effects of gestural and ambiguous verbal praise on motivation.* Front Psychol, 2014. **5**: p. 928.

40. Campo, M., Laborde, S. and Mosley, E., *Emotional Intelligence Training in Team Sports.* Journal of Individual Differences, 2016. **37**(3): p. 152-158.

41. Eberspächer, H., *Mentales Training: Das Handbuch für Trainer und Sportler.* 2012, Munich, Germany: Copress Sport.

42. Karageorghis, C. I. and Priest, D. L., *Music in the exercise domain: a review and synthesis (Part II)*. Int Rev Sport Exerc Psychol, 2012. **5**(1): p. 67-84.

43. Karageorghis, C. I. and Priest, D. L., *Music in the exercise domain: a review and synthesis (Part I)*. Int Rev Sport Exerc Psychol, 2012. **5**(1): p. 44-66.

44. Lautenbach, F., et al., *Nonautomated Pre-Performance Routine in Tennis: An Intervention Study.* Journal of Applied Sport Psychology, 2015. **27**(2): p. 123-131.

BILDNACHWEIS:

Covergrafik: © AdobeStock

Covergestaltung: Katerina Georgieva

Fotos Innenteil: Autoren

Weitere Quellen:

S. 29 – Abb. 1: „Designed by Freepik"; „Vecteezy.com"; https://www.pexels.com/de/foto/strasse-endlos-kurven-schwanz-30134/

S. 32 – Abb. 2: https://www.pexels.com/de/foto/action-aktion-athleten-ball-78134/

S. 36 – Abb. 4 https://www.pexels.com/de/foto/schwarz-und-weiss-mann-muskeln-bizeps-50597/

S. 37 – Abb. 5.: „Designed by Terdpongvector / Freepik"

S. 38 – Abb. 6: https://www.pexels.com/de/foto/schwarz-und-weiss-person-gesicht-lacheln-65665/

S. 129 – Abb. 36 Quelle: „Designed by Freepik"

Lektorat: Dr. Irmgard Jaeger

Layout Innenteil: Annika Naas

Satz: zerosoft

DIE AUTOREN

Dr. Sylvain Laborde arbeitet als wissenschaftlicher Mitarbeiter im Psychologischen Institut (Abteilung Leistungspsychologie) der Deutschen Sporthochschule in Köln. Durch seine Forschung, seine Weiterbildungen, Sportlerbetreuung, und seine zahlreichen Studien und Konfenrenzbeiträge auf internationalen Kongressen über das Thema, ist er weltweit als einer der führenden Experten im Bereich emotionale Intelligenz im Sport tätig.

Dr. Philip Furley (M. A.) ist Dozent und Abteilungsleiter der Abteilung „Kognition & Motivation" am Institut für Kognitions- und Sportspielforschung (IKS) der Deutschen Sporthochschule Köln. Seine Forschungsschwerpunkte umfassen kognitionspsychologische Themen und sozialpsychologische Themen wie nonverbale Kommunikation und Emotionen. Er hat ebenfalls langjährige Erfahrung als aktiver Spieler im Handball (u.a. 3 A-Länderspiele), Tennis und Tischtennis und als Trainer im Handball.

Lisa Musculus (M. Sc. Psychologin) promoviert derzeit in einem längsschnittlichen Projekt zum Thema Entwicklung von kognitiven Entscheidungsprozessen im Fußball am Psychologischen Institut der Deutschen Sporthochschule Köln. Außerdem arbeitet sie in der praktischen Sportpsychologie, vor allem im Fußball und Tennis. In diesem Zusammenhang bietet sie individuelles Coaching, themenspezifische Gruppenworkshops oder Fortbildungen zu psychologisch relevanten Themen an.

Stefan Ackermann studiert aktuell an der Deutschen Sporthochschule Köln und arbeitet seit mehr als einem Jahr mit Dr. Laborde im Bereich emotionale Intelligenz im Sport zusammen. Er ist seit über einem halben Jahrzehnt als Fußballtrainer, zwischenzeitlich auch als Handballtrainer, sowie seit zwei Jahren als Übungsleiter für die Ballschule Köln tätig und bildet inzwischen selbst Trainer aus.